成为母亲的历程

[德]思文佳·克莱默尔　[德]汉娜·迈耶◎著
周逸平◎译

SPM 南方传媒 广东人民出版社
·广州·

图书在版编目（CIP）数据

成为母亲的历程 /（德）思文佳·克莱默尔，（德）汉娜·迈耶著；周逸平译. -- 广州：广东人民出版社，2024.8. -- ISBN 978-7-218-17948-3

Ⅰ.G78

中国国家版本馆 CIP 数据核字第 20246ZV404 号

CHENGWEI MUQIN DE LICHENG

成为母亲的历程

［德］思文佳·克莱默尔 ［德］汉娜·迈耶 著 周逸平 译

出 版 人：肖风华

责任编辑：张杰红
责任技编：吴彦斌 马 健

出版发行：广东人民出版社
地　　址：广州市越秀区大沙头四马路 10 号（邮政编码：510199）
电　　话：（020）85716809（总编室）
传　　真：（020）83289585
网　　址：http://www.gdpph.com
印　　刷：文永印刷河北有限公司
开　　本：880 毫米 ×1230 毫米 1/32
印　　张：8　　**字　　数**：165 千
版　　次：2024 年 8 月第 1 版
印　　次：2024 年 8 月第 1 次印刷
定　　价：69.80 元

如发现印装质量问题，影响阅读，请与出版社（020-85716849）联系调换。
售书热线：（029）89163679

序言 | preface

如果你手捧本书，那么你很可能是一位母亲，或者是一位非常关心母亲的人。当母亲的感觉太美妙了！一生中的其他任何阶段，几乎都无法同时感受到如此多的情感。这些情感往往相互矛盾，就好比你既想要宝宝，又想要充足的睡眠。有些时候，这可能会让你心烦意乱，你甚至觉得这是你自己的问题，而其他人都能够轻松应对。剧透一下：事实并不如此！

其实，无数的母亲都有着相同的经历和想法。遗憾的是，这些经历和想法既不会像育儿指南那样被主动分享出来，也不会像日托中心的病毒那样自动传播开来。也许是因为在社交媒体上父母通常只会上传自己的高光时刻，并且会进行美化和过滤，而真正的现实只存在于线下的真实生活中。这种现象在每个人身上都如出一辙。当然，我们愿意分享送孩子去幼儿园的欢乐时光，但不愿分享自己在五分钟后的暴怒情绪，以及尽快把孩子接回来的想法。我们不只是缺乏分享自我感受和真实想法的勇气，更是缺乏准确表达自我的能力。到目前为止，我们还无法用语言表达我们到底发生了什么，以及我们为什么会陷入这种特殊状态而不能自拔。回想起来，这种状态其实已经成为我们生活中的新常态了。

语言可以创造现实。只有能够表达某件事情或者某种情绪时，我们才能理解它，甚至掌控它。如果我们词不达意，就很难与他人建立联系，交流思想。如果我们所有人都保持沉默，那么我们的经历和体验就不会被他人知晓。

在第一次听到“Matrescence（成为母亲）”这个词时，我们体会到用一个术语来表达我们自己的整个体验会有多么不同。终于有一种语言表达可以解释这种在某种程度上令人不快的状态。最重要的是，它让我们明白了我们拥有如此强烈又矛盾的感觉，以及我们在生活中不时感到方向不明，这些都是完全正常的。因为发生变化的不只是我们所在的周围环境，我们自身似乎也在不断发展，无论是在身体层面、个性层面，还是在人际关系层面。根据这些认知，我们顿时觉得轻松了不少，真想立刻把这些感觉告知天下。但是我们需要一个更加简单、更加容易理解并记住的术语。这就是为什么我们引入了与青春期有关的新术语“Muttertät（成为母亲）”。

“成为母亲”这个词很清楚地表明，这一人生的发展阶段真正持续的时间不仅仅是几周而已。母亲们时而欣喜万分，时而闷闷不乐，时而两种情绪交织在一起。这一进程的末端，不单单是我们和一个孩子，更有一个崭新的“我们”和我们的孩子。这个阶段就如同青春期一样，没有回头路可走。即使我们有时会感觉还像以前一样，但其实我们已经永远地改变了。我们和孩子在共同成长。

当我们成为母亲时，我们中的许多人都会产生强烈的情感，体会到个性的发展，甚至感到迷茫，所有这些都是正常的！这本书会给你提供一些证明。

我们不是生来就是母亲，我们将成长为母亲！

莎拉·加兰（Sarah Galan）

纳塔莉亚·拉莫特（Natalia Lamotte）

目录 | contents

第一部分

从想法到成书

我为什么有这么多的担忧？为什么我觉得外界的评论对我打击如此之大？这些感觉从何而来？为什么它们对我有这么大的影响？我到底是谁？做母亲对我来说合适吗？或者我应该如何适应做一位母亲？我们两位女作者有许多共同点：首先，做母亲的第一年都充满了挑战！许多情感交织在一起，不可名状的怒火，无法形容的柔情，还有许多恼人的想法。我们心中的很多问题都得不到答案。孩子出生后发生的所有变化，加上内心的强烈感受，以及对世界所持看法的改变，都令我们觉得无所适从。有时，我们会觉得这些变化离自己很遥远；有时，所有这些变化会同时向我们涌来。总之，这听起来很矛盾，很可笑。我们自问：能否事先成功地规避这一切？为什么我们没有为这次旅程做好准备？为什么很少有人谈论成为母亲所面临的挑战？其他女性在这个阶段表现如何？

在沙发上经历漫长的哺乳时间，在游乐场度过无数个下午，我们逐渐会理清思绪，走出困惑。游乐场有两大优势：孩子们可以在那儿玩耍，处在相同人生阶段的家长们也会互相认识。如果你足够幸运，你甚至会遇到自己的知己。我们就是这样相遇的。没过多久，我们就愿意向对方分享自己的经验和感受。我们想把女性在成为母亲的过程中发生的变化说出来，引起公众的关注。就这样，一个想法诞生了：我们来写一本书吧！

在我们的脑海中，我们的写作主题是向母亲的转变和母亲的成长之旅。我们想要展示一种介于“快乐妈妈”和“后悔妈妈”两者之间的母性视角。在研究过程中，我们捕捉到一个立即引起我们注意的概念：Matrescence（英文表述）或者 Muttertät（德文表述）——成为母亲。

关于什么？向母亲的转变！

女性一旦怀孕，注意力通常会放在未出生的宝宝身上。随着宝宝的出生，这个全新的家庭成员会成为全家人的焦点，一切都是那么美好。然而，宝宝的出生，也是母亲的诞生。当宝宝给世界带来美妙且富有挑战的变化时，母亲也在经历着重大的荷尔蒙转变，她在神经生物学层面的体验仿佛来自另一个星球。很多事情都发生了变化，尤其是在她的生理层面和心理层面。在这个动荡的阶段，女性很容易迷失自我。在向母亲转变的过程中，女性发生了全方位的变化，既甜蜜又疯狂。了解这一阶段的特点，以及全新的感受后，母亲可以更好地理解、分析和处理自己的行为。这正是本书的写作目的。因为我们希望：如果母亲们及其身边的人能够更好地了解成为母亲的挑战，那么她们就可以更加轻松地度过这一阶段。

本书为的是在成为母亲的过程中在个人体验和科学知识之间架起一座桥梁。我们想要谈论一些通常只在私下里谈论的话题，其中一些是禁忌话题，一些是令人难以启齿的话题。我们希望描绘一幅真实而广阔的图景。我们的个人体验构成了本书的切入点和核心。我们在书中引入了一些女性受访对象的观点，这些采访是以书面或口头形式进行的[①]。我们相信成千上万的女性都有过同样的经历。所以说，这些经历具有普遍性。与此同时，这些经历既充满了狂乱和困惑，又会令人怦然心动。

除了分享个人体验之外，我们还想普及成为母亲这一阶段的理论知识。这恰恰有两个好处：其一，知识有助于理解。其二，我们可以证明，不光我们会拥有这样的主观体验，那些在成为母

---

① 共有17名女性受访。我们收到了太多感人的故事，选择和删减变得十分困难。光是这些故事就可以写成好几本书！

亲的过程中所感受到的迷惘，曾经是许多女性日常生活的一部分，而且均有其原因。我们以孕产妇研究领域专业人士（如助产士、心理学家和教育学家）的研究和文章作为科学参照。

在分享个人经历和查阅文献之余，本书还邀请了两位专家分享她们在实际工作中的想法和经历，她们是耶娜·弗里德里希（Jana Friedrich）和汤娅·海因里希（Tanja Heinrich）。耶娜·弗里德里希是助产士、作家、博主、演讲者、讲师及两个孩子的母亲。20 多年来，她一直在为分娩阶段、预防保健阶段和产后护理阶段的产妇提供帮助。自 2012 年以来，她在 hebammenblog.de 上发表博客文章，主题涉及怀孕、分娩、产后和婴儿的第一年。她还撰写过两本书，并教授产前课程，最近在波茨坦大学的 TEDx 演讲中谈到了“生育自尊”。汤娅·海因里希是导乐[①] 和产科护士，也是疗愈师和教练，她和她的四个孩子住在柏林。她通过自身经历和培训课程积累了孕期相关的丰富经验，并利用这些经验和知识来陪伴很多分娩前后的女性，在此期间母亲始终是她关注的焦点。

借助于个人的体验和专家的知识，我们试图在这本书中让“成为母亲”这个概念鲜活、丰满起来。此外，我们开展了面向

① 译者注：国外医学界常将有生育经历和接生经验的女性称为“导乐”，她们指导孕妇进行顺利的分娩，并为新妈妈提供产后恢复、母乳喂养、科学育儿等专业指导。

祖母和父亲的在线调查[①]，他们与母亲关系亲近。

这本书包含的内容可以说是非常全面。除了我们扮演的不同角色外，我们还扮演了一个相同的角色：母亲，这个角色对我们来说很重要。我们是白人，是顺性女[②]。我们接受过高等教育，与异性伴侣共同生活在大城市。我们正是从这些角度出发进行写作的。同样，书中的文献选取、样本抽取和专家选择，都与我们的现实生活密切相关。当然，我们也很清楚，家庭背景不同，生活体验也会不同。

我们无意一一罗列我们的经历，而是侧重于描述在成为母亲的历程中我们所认为的一些基本体验。从一开始，我们就立志不说教。最重要的是，不评判。但是在写作的过程中，我们一次又一次地发现，以不作价值判断的方式来写作是多么困难，因为关于怀孕、分娩、婴儿和孩子的话题经常带有强烈的情感色彩。但对我们来说，有一点是肯定的：无论是双亲家庭，还是单亲家庭，每个家庭都在以独特的方式生活着。

我们发现，随着时间的推移，对于这一时期遇到的种种挑战，我们的记忆逐渐会变得模糊。那些积极的、欢快的时刻会定格在我们的心中。大脑遵循着一个多么聪明的机制！更令我们高兴的是，我们在成为母亲的过程中就开始了本书的写作，因此我

① 我们开展了一项针对祖母和父亲的匿名在线调查，共收到13位祖母和10位父亲的调查反馈，其中不乏翔实感人的内容，让我们难以取舍。

② 顺性女或顺性男指心理上认同自己生理性别的女性或者男性。

们可以及时地分享自己的真实体验。本书特别关注在此阶段我们所遇到的各种挑战，因为我们认为截至目前公众针对这方面的讨论都十分有限。虽然书中也记录了某些暗淡的时刻，但我们希望每一位母亲都可以从这本书中受益：孩子是我们的生命，这本书是我们爱的宣言，这才是最令人心动的！

几个阅读提示

我们试图让个人体验和科学知识都能在书中得到体现。关注科学知识的读者可以直接从中找到关于“成为母亲”的阐述。此外，在第三部分中，我们在细致描写不同层面的个人体验之余，专门设置了单独的一个科普分节。如果您特别期待阅读我们在分娩后第一年的经历，请直接跳到第三部分。本书面向所有关注父母的读者，尤其是那些关注在成为母亲的历程中发生的许多变化的妈妈们。我们希望这本书有助于女性及其家人顺利走完成为母亲或成为父母的旅程。如果您对书中描绘的众多挑战感到不适并需要休息调整一下，请跳至本书结尾处，阅读我们精心为读者朋友挑选出的幸福语录。

祝您阅读愉快！

第二部分

观起源：什么是“Matrescence（成为母亲）”

“Matrescence”一词由达娜·拉斐尔（Dana Raphael）于1975年首次引入学术领域。达娜·拉斐尔是一位人类学家、女性主义者。在那个母乳喂养不受欢迎的时代，她是美国母乳喂养的倡导者。在20世纪50年代的美国，她致力于让女性的乳房除了显得性感之外，再次具有功能性。她被认为是母性研究的先驱者和“导乐”这一概念的发明者。

达娜·拉斐尔将“Matrescence”一词描述为女人成为母亲的人生阶段。对于她们来说，这一阶段是人生不同阶段之间的一个过渡。她认为，女人并不会因为生了孩子就自动成为母亲。相反，这个过渡需要很长的时间。她看到了随之而来的种种变化，例如女性的身体变化、在群体内社会地位的变化，以及因身份和日常活动的改变而产生的情感变化。此外，她还看到了女性在这一阶段在社群内发生的一系列互动及她们彼此之间在关系上的变化：母亲周围的所有关系都发生了改变。在她看来，与成为母亲相关的身体变化从出生就开始了。她强调，小女孩在玩角色扮演游戏时，比如玩洋娃娃时，也会扮演母亲的角色。可以说，女性从小就开始练习怎么当妈妈。对于成为母亲这个阶段，达娜·拉斐尔并未做出明确的时间限制。相反，她强调，对于一些女性来说，只有当她们自己的孩子有了孩子之后，即当她们承担起祖母的角色时，她们才算在真正意义上完成了成为母亲的历程。

大约 35 年后，达娜·拉斐尔提出的“成为母亲”这一概念正经历着一场复兴。在美国，举足轻重的代表人物是来自心理学界的奥雷莉·艾坦（Aurélie Athan）和亚历珊德拉·萨克斯（Alexandra Sacks），她们为这个概念注入了新的活力。奥雷莉·艾坦是一位发育和生殖健康领域的心理学家，她也是哥伦比亚大学教育学院的教师。亚历珊德拉·萨克斯是一名心理治疗师兼播客主播和作家，经常解答孕妇和母亲们的疑问。几乎在同一时间，她们通过发表各种见解将这一人类学概念引入心理学中。

在对母亲展开进一步的研究之前，科学研究主要关注的是婴儿和儿童。母亲是被边缘化的，只有在涉及婴儿的健康问题时才会被注意到。奥雷莉·艾坦和她的同事呼吁应更加重视母亲身份，并将成为母亲的历程视为一些女性生命中独特的成长阶段。她们批评了一种常见的做法，即只是根据孩子在发育过程中是否存在功能障碍来评估母亲的行为，因为这样的做法将母亲客体化了，实际上是一种将妈妈分为“好妈妈”和“坏妈妈”的非黑即白的思维。相反，母亲自身必须成为关注的焦点。事实上，妈妈们越来越成为研究的重点，但奥雷莉·艾坦和她的同事也看到了这里失之偏颇，因为研究面向的是临床领域，也就是说，只有那些有产后抑郁、焦虑和精神疾病等临床症状的母亲才是关注的焦点，而那些没有临床症状的母亲却很少会被研究。直到现在，才逐渐形成了一个研究分支，既关注母亲身份本身，也为研究不同类型的母亲提供了空间，包括单身妈妈、同性恋妈妈和未成年妈妈。

奥雷莉·艾坦和她的同事也接触过很多母亲的日常生活。和达娜·拉斐尔一样，她们试图更好地描述和理解成为母亲的过程。她们认为，成为母亲是女性生命历程中的一次剧变，伴随着巨大的失落和收获，这就如同生活中的一些其他的心理变化一样，如由于创伤事件导致的人格裂变。这种变化发生在母亲的身体层面、心理层面、社交层面和精神层面。女性会经历自己身体的变化和荷尔蒙的剧变，内心会产生不同的自我价值感，并且对身份的认同也会彻底改变。她们会重新思考友谊，她们的社会地位也会发生改变。一些女性还会质疑自身的存在，重新找回自己的信仰或加强精神上的修行。奥雷莉·艾坦和她的同事将这段时期理解为生命中的一个充满动荡的、不断调整自我的阶段，甚至可以将其视为一种危机。她们旗帜鲜明地提出要使用“成为母亲”一词来命名和描述这个发生剧变的阶段。这些女性心理学家还非常明确地将其和青春期作了关联，认为成为母亲的阶段就像青春期一样，会迷失方向，然后需要重新定位。生活中的许多方面都发生了变化，年轻妈妈的烦躁情绪甚至可能更加严重。奥雷莉·艾坦指出，成为母亲的历程可长可短，怀孕或领养都可能是成为母亲的起点，每多一个孩子也就意味着会重复一次这个过程，这甚至会影响一个母亲的一生。奥雷莉·艾坦试图以"成为母亲"这一术语建立一个跨学科的研究分支。未来，这里将汇集与该主题相关的多样化的研究领域，比如除了发展心理学和人类学外，还包括成人教育学和社会学。通过"成为母亲"这一研究分支，可以全面扩展这一特定生命阶段的知识财富。

自 2017 年以来，亚历珊德拉·萨克斯一直在大众媒体上谈论"成为母亲"这一话题，她主持了一个播客，在该播客中介绍了母亲们面临的诸多挑战。通过在《纽约时报》上发表文章和颇受欢迎的 TED 演讲（TED-Talk），她把自己对"成为母亲"的思考带入公众讨论范畴中。在她发表的有关"成为母亲"的第一篇文章里，她首先描述了成为母亲在身体和心理层面的变化过程。有了这些知识，母亲们就有能力更好地驾驭这段充满挑战的时期。对她们来说，更好地理解这些迷乱情绪意味着更好地掌控自己的行为，这一点对健康育儿很关键。她认为，下面几点是"成为母亲"这一阶段诸多迷乱情绪的主要原因。

一、家庭动态的改变：孩子的出生不可避免地会改变家庭动态。对母亲而言，这些最亲近的人际关系，可能会在增添更多亲密性的同时，面临着更多的压力。

二、矛盾心理：通常来说，母亲的体验没有好坏之分，而是两者兼而有之。许多女性首先必须学会应对这种陌生的、时而令人不快的矛盾情绪。

三、设想与现实：几乎每位女性事先都会对宝宝和当妈妈这件事充满设想。这些设想来自对自己的妈妈和其他妈妈（女性朋友、女性亲属或其他女性）的观察。当设想与现实背道而驰时，这些强烈的设想就将化为失望。

四、内疚和羞愧：脑海中有一个理想的母亲形象会驱使成为母亲的女性事事力求完美，然而往往力有不逮，因为她不能总是达到自己的预期。这时，内疚感和羞愧感油然而生。

五、代际性：成为母亲的历程与自己的母亲及小时候的经历密切相关。做母亲从某种意义上讲意味着“从头再来”，既美好又痛苦。

六、竞争：伴侣、朋友、家人（以及母亲本人）会争相关注宝宝。

针对女性在孕期和产后的心理变化，亚历珊德拉·萨克斯想要梳理出很多女性缺乏安全感的状态，以此消除她们的疑虑，增强她们的信心。她在最近出版的一本关于孕妇和母亲的情绪指南中详述了这一点。

奥雷莉·艾坦和亚历珊德拉·萨克斯是母性研究的代表人物，她们明确使用了“成为母亲”一词。此外，还有一些出版物也讲述了成为妈妈的转变过程，但没有给这个过程命名。例如，心理治疗师阿比盖尔·布伦纳（Abigail Brenner）在她的诊所中陪伴着人们经历了许多不同的人生阶段变化，包括成为母亲的阶段。她认为，让女人成为母亲的，首先是宝宝出生后的日常琐事。在她看来，仅仅通过阅读、研究、观察或讨论，无法为当妈妈做好充分的前期准备，经验的力量无可替代。根据阿比盖尔·布伦纳的观点，正是日常生活中平凡的或不平凡的瞬间唤醒了母亲新的身份和新的技能。有时候事情不太顺利，妈妈们就会怀疑自己做得是否正确，她们担心出错，并会怀疑自己的能力。这反过来又会导致要求过高、疲惫不堪及高度敏感，尤其是当母亲们已经付出或尝试了一切而情况仍未得到解决时。在阿比盖尔·布伦纳看来，女性成为母亲这一角色的转变需要时间。

看当下：什么是“Muttertät（成为母亲）”

不同的女性对成为母亲后的变化有着截然不同的感受。就像青春期一样，面对随之而来的变化，有些女孩的感觉可能不会那么强烈，而有些女孩就会觉得这些变化充满了挑战。在德国，女性可以得到助产士的照顾。助产士可以在女性孕期内为其提供咨询建议和预防保健服务，以及在分娩后的最初几周内积极帮助其应对身心层面的变化。另外，女性可以申请护工服务，让护工来照护自己和新生婴儿。

越来越多的女性在分娩期间或在产后会第一时间雇用导乐。达娜·拉斐尔认为导乐是专门负责照顾妈妈的，她称其为“像母亲般地照顾妈妈”，明确指出导乐是女性成为母亲阶段的专职陪护。在成为母亲这一阶段中，导乐的作用是在一些未被言明的却与孕产紧密相关的话题上对成为母亲的女性进行引导，比如母亲的愿望、家庭的期待、脆弱的情绪、与伴侣的关系等。在美国，经分娩和产后专业协会认证的产后导乐人数在 2008 年至 2018 年间翻了一番，这表明社会对这一敏感话题的关注度和感知能力在不断提升。

因此，两位来自德国的导乐接受了“Matrescence（成为母亲）”这一概念并将其转移到德语语境中，这或许并非巧合。纳塔莉亚·拉莫特和莎拉·加兰担任过许多处于孕产阶段的女性的导乐（知心导乐两姐妹），陪伴她们度过怀孕、分娩及产后的阶段。她们在专栏或播客中谈论女性在成为母亲的过程中将会面临的各种挑战，并创造了“Muttertät（成为母亲）”这一德语概念。如同英语中的“成为母亲（Matrescence）”和“青春期（Adolescence）”，她们在德语中创造的“成为母亲（Muttertät）”也与“青春期（Pubertät）”有着相同的词尾。此外，“知心导乐两姐妹”认为在“成为母亲”这一阶段女性的情绪波动范围会扩大，对愤怒或喜悦等情绪的感受会更加强烈。有时在短短几分钟内，这一阶段的女性就会从一个极端切换到另一个极端。面对这些相互矛盾却又同时涌上心头的情绪，许多女性会有些力不从心。例如，她们既想花时间陪伴孩子，又渴望拥有更多属于自己的时间。纳塔莉亚·拉莫特和莎拉·加兰在工作中写道，女性常常认为是自己出了问题。她们经常会感到内疚、烦躁或不知所措。当然，纳塔莉亚·拉莫特和莎拉·加兰也指出，不同的妈妈对这些变化的感受程度各不相同。抵触变化则会加剧负面情绪，接受外部支持反而可以减轻负面情绪。不同于之前盛行于美国的一些观点或视角，她们尤其关注婴儿出生后的头两年。她们认为“成为母亲”这一阶段大约会持续两年时间。此外，根据达娜·拉斐尔和奥雷莉·艾坦的相关阐述，她们进一步对在此期间发生的这些变化进行了解析，认为女性在成为母亲期间，在生理、心理、人际关系、职业及世界观等层面都会发生变化。

就像“Matreszenz”和“Matrescence”这两个单词一样，“Muttertät（成为母亲）”这一概念在德国的传播也不过短短几年。这一概念指的是母亲的诞生，现已被引入分娩准备课程和孕前瑜伽课程，就连咨询和辅导服务现在也已经开始关注“成为母亲”这一人生阶段。在社交媒体上，导乐、助产士和妈妈们都会使用“Muttertät”这个标签。这一发展阶段所存在的诸多陷阱，以及所具有的科学背景，也愈发为人所知。女性杂志《ELLE》写道：“在德国，人们也会谈论‘成为母亲’这个阶段，因为这一阶段可与青春期进行一定的比较。”

听听专家的说法

耶娜·弗里德里希：

女性在分娩后经常会发生巨大的性格变化。生育对女性具有不可思议的影响力，如果生育过程是一种美好的体验，就会给女性带来全新的自信，即“生育自尊（Birth-esteem）”。同样，糟糕的生育经历也会产生长远的负面影响。

事实上，妈妈们（也包括爸爸们）事先并不知道，自己作为父母会是什么样子。当一个新生儿走进他们的生活时，他们作为父母，性格也会随之发生改变。在此之前，大多数女性都曾设想过，如何扮演母亲角色。但婴儿一出生，这种设想就完全改变了，她们逐渐意识到随之产生的影响，当母亲的感受和真实体验是无法预料的。在大多数情况下，人们似乎根本不清楚需要多久才能在身心上适应为人父母的状态。“成为母亲”不仅仅是指孩子出生的那一天，而是需要经历相当长的一段时间，我们需要找到一些方法，既能庆祝女性初为人母，也能支持和帮助她们适应新的角色。仪式感对这一过渡期非常重要，但我们的仪式大多只与医疗进程相关。而真正的仪式感应该在体检时就开启了，这一过程在产前准备课程中应占有更重要的地位。

汤娅·海因里希：

在与母亲们的接触中，我注意到女性在社会上几乎不被关注。当一个女人怀孕时，人们的焦点会集中在她的肚子上，一旦婴儿出生，注意力就会从母亲转移到孩子身上，通常很少有人会关注女性过得怎么样。

对于大多数女性来说，成为母亲的过程是非常具有挑战性的。我经常看到女性在当妈妈这件事上力求完美。她们必须应对如此之多的全新挑战，例如哺乳、睡眠、与伴侣关系的变化、外界的期望等，以致要找到适合自己和各自家庭情况的方式往往并不容易。在这一阶段，许多女性比以往任何时候都更加接近自己的极限。因此，首先审视自己的需求是很有必要的，这样才能够很好地应对这些情况。但当人们的焦点从已为人母的女性转移到婴儿身上时，可能会让这一切变得非常困难。

我们重新梳理了达娜·拉斐尔提出的围绕“成为母亲”期间发生的各种变化所展开的学术讨论。通过分析达娜·拉斐尔和奥雷莉·艾坦的学术著作，以及亚历珊德拉·萨克斯和“知心导乐两姐妹”的实践角度，我们总结出女性在此过程中会在五个层面发生变化：身体层面、心理层面、人际关系层面、职业层面和精神层面。通过这五个层面，可以对成为母亲阶段的转变有着更深远的了解。我们认为，这五个层面发生的变化与我们自身的体验和与他人的对话结果极其吻合。本书将从这五个层面来深度审视成为母亲的历程。我们还特意选择了“Muttertät（成为母亲）”这一德语单词，将其等同于英语中的“Matrescence”。在德语中，表示青春期的词语“Pubertät”主要描述了从童年到成年过程中青春期的身体变化，而另一个表示青春期的词语“Adoleszenz”则描述了这一过渡期的心理变化。类似地，我们在本书中也讨论了“成为母亲”过程中身体层面和心理层面发生的变化。这里，我们觉得用“Muttertät”表达“成为母亲”更适合，因为它能够直接让人联想到“Pubertät（青春期）”。在我们看来，大多数人都能够据此准确地展开这样一种联想：

成为母亲 = 第二次青春期！
难道不是吗？

第三部分

在身体层面成为母亲

康复意味着回到过去的状态，对吗？错！

身体上的变化，让女性突然痛苦地意识到，自己的身体再也不会和以前一样了。这就是我们在成为母亲的历程中在身体层面所感受到的变化。但是伴随着身体上的变化，我们还会意识到，身体的作用不仅仅体现在生育前后腹部的变化上，我们低估了这种变化的影响范围和持续时间，其实这种变化一直在继续着，并将长久地影响着我们。身体在孕期不断发生变化，并在分娩后创造了最伟大的奇迹。有了这些全新的体验，我们学会了比以前更加懂得珍惜自己的身体。

哺乳的疼痛和深陷的骨盆

（本部分内容由汉娜·迈耶撰写）

怀孕期间的身体变化，是我在当妈妈的过程中感受到的第一个变化。然而，我在孕期完全没有意识到，我的身体即将要经历怎样一段坎坷的旅程。我的肚子变得越来越大，但我只能慢慢地观察着身体上的这种变化，这让我有些不知所措。我不知道自己的身体会受到多大的限制，也不知道要与这些限制抗争多久。我不知道自己会有多怀疑自己的身体，又会有多感激自己的身体。最后，我也无法想象当妈妈需要忍受多大的疼痛或痛苦，我的身体究竟又能承受多少，以及这会对全新的家庭结构产生多大的影响。

茫然失措

早在怀孕期间，我就知道自己的身体会发生变化，心想这种变化只是暂时的，主要与我隆起的肚子有关。怀孕 8 周后，大肚子就已经从腰带上露出来了。对于那些长期的变化，我反倒没有那么担心。为什么呢？因为我从未对自己的身体感到不满意过，它似乎能够容许我的一切所作所为：从不健康的饮食到不规律的睡眠。在整个孕期，我都很好地应对了身体上的变化，保持着充分的锻炼和健康的饮食。经常会有人指着我的大肚子问道："你确定这里面只有一个胎儿吗？"我觉得，这真是有意思。刚好

12 周后，最初的恶心感消失了，我能够很好地克服背痛等轻微的不适。总的来说，作为一名孕妇，我感觉挺舒服的，我还是我，只是怀孕了而已。

在分娩期间和宝宝出生后不久，让我感到无比激动的是，我竟然能够如此轻而易举地应对这一切。我的宫缩大约持续了 24 个小时，但实际上并没有出现呼吸困难。到了医院，我直接被送到产房，两个小时后，我就把我的儿子抱在怀里了。整个过程是那么自然和轻松，没有任何干预措施，这是梦想中的顺利分娩。当时，我们三个人躺在“家庭房”里，我简直不敢相信自己的运气。我心想，这真是太顺利了！我知道这样一个无并发症分娩不是每个人都能有的，因此我很感激我能拥有如此美好的经历。这正是我所期望的结果。直到分娩几天以后，我才意识到，我的身体变化之旅并没有随着分娩的结束而结束。我记得很清楚：我抱着熟睡中的孩子站在镜子前，心想，再也回不到从前了。我知道我的身体永远就这样了，那一刻我的心情糟糕极了。我的肚子还和以前一样大，但不再因孕育生命而浑圆，而是空空的、松松垮垮的。我的眼睛哭得通红，乳房胀得快要爆裂了。尽管儿子是我见证的最伟大的奇迹，但我还是无法接受镜子中自己的那副模样。那不是我。虽然我终于又拥有了自己的身体，但这段旅程才刚刚开始。

哺乳的疼痛

在我怀孕期间，只有少数几个朋友在我们的谈话中提到过母乳喂养，我也一再听说母乳喂养不是一件容易的事。基于我提前得到的这些提醒，我将母乳喂养纳入到我的整个分娩准备中。我在网上看了各种母乳喂养视频，并从不同助产士的宣传单上学习了各种母乳喂养姿势。因此，我了解了刚开始时会遇到的阻碍，以及知晓了撑过这些初期的母乳喂养困难似乎是值得的。在医院时，一切都很顺利。儿子从一开始就喝得很好，很快就形成了规律，每隔两个小时他就要被母乳喂养一次。但是产后刚过去几个小时，我的乳房就开始流血了。我在医院接受了激光治疗，以帮助伤口更好地愈合。为了尽可能地护理疼痛的乳头，我制订了一份关于母乳喂养的时间和姿势的计划。每隔两小时，闹钟就会响起，我会准时给儿子喂母乳，整个喂养过程进行得很顺利。虽然我感觉很痛，但我有思想准备。此外，一些专业文章和在线报告也都告诉我，刚开始时母乳喂养引起的疼痛都会过去的。

然而，几天后，疼痛才会真正开始，我真的越来越绝望，因为一切都进行不下去了。荷尔蒙慢慢下降，我发现自己陷入焦虑状态，这通常被称为产后抑郁症。你好，产后康复期！现在我才知道，这段时期的一切都和液体有关——血、奶水和眼泪。我常常自问，为什么以前从来没有人告诉过我这些？同时，母乳喂养带来的疼痛随着婴儿每一次的吸吮而加重，我忍受着每隔两小时进行一次母乳喂养的煎熬。为什么母乳喂养如此残酷，却被称为世界上最美好的事物之一？当我向别人诉说这种痛苦或寻求建议时，我常常被告知，要坚持下去，这一切都是值得的。这也正是我的感受。母乳喂养既让我感到极度痛苦，也让我感到极度释放。所以，无论如何，我都一直在坚持。

助产士给我开了一种止痛药，要求我每隔四小时服用一次。后来又加了一种止痛药，同样是每隔四小时吃一次，这样我就可以每隔两小时吃一粒药了，至少这符合小老虎（我的儿子）吃母乳的节奏。但是，如果因为太累而无法恰好在母乳喂养前30分钟服药，那么母乳喂养就会变得让人难以忍受。儿子现在就像瑞士钟表一样精确，他要想吃母乳，那真是一刻也不能耽误，要不然他就会像闹钟一样吵闹。因此，除了儿子这个天然闹钟外，我还需要每隔两小时给手机定一个闹钟，这样我至少每隔两小时就要醒来一次，不是哺乳就是服药。这个我能忍，为的是可以坚持母乳喂养。这样一来，除了制订有关母乳喂养的时间和姿势的计划外，我还制订了一份用药计划。与此同时，与伤口的战斗也在继续：防护霜、护乳罩、吸奶器等装备全都准备就绪。这究竟是怎么了？我的身体一次又一次地粉碎了我对新的小家庭的美好设想。我原来以为，在儿子出生后终于可以把精力完全集中到他身上，不用再关注自己的肚子和那些注意事项了，但显然事实并非如此。女性在分娩后感觉会非常糟糕。在我做的所有的准备工作中，我怎么就疏忽了这一点呢？

我学到的是，血淋淋的乳头伤口必须从内部愈合，因为从母乳喂养的节奏来看，要使伤口从外部愈合是不可能的。儿子有时让我联想到一个小小的、非常可爱的吸血鬼。但是伤口并没有从内部愈合，反而越来越严重了。我的助产士每天都对我进行严格的检查，我从她的眼中看到了所有的同情。各种防护霜都不起作用，我们必须做进一步的探寻。或许是喂养姿势不对，即便小老虎被包裹着躺在餐桌上，事情也好不到哪里去。这只是让哺乳看起来更有趣一点。还有，也许是吮吸引起的疼痛持续的时间更久了，有一周，每次让儿子吃母乳前，我总是先把乳房焐热，或者使用吸奶器作为辅助。但这样一来，每次哺乳前儿子都要等更长的时间。当然，他会对此表示不满，这让我更紧张。除了喂养计划、笔、药包、护理垫、集乳器和护乳罩外，现在又增加了吸奶器、毛巾、碗和热水瓶。令我失望的是，所有这些准备措施并没有减轻我身体上的疼痛，反而让我在哺乳期间更加手忙脚乱，觉得压力更大。这与我想象中的一家三口温馨回家的画面截然不同。儿子的爸爸也成了哺乳管理的重要成员。他尽可能地照顾着我的身体，在适当的时候把儿子递给我，并负责清洗各种容器和配件。因此，母乳喂养成为我们三个人的全职工作。

绝望

几个星期过去了，我的绝望达到了顶点。这些措施都没有产生哪怕是一丁点的效果。与此同时，我还咨询了哺乳顾问和整骨医生，但都无功而返。我的乳头皲裂，裂口大约有一厘米长，根本没有愈合的可能，从里面愈合更是毫无希望。一厘米听起来很小，就像是一个小伤口，然而对于乳头来说，这却是一个很大的伤口。裂口几乎把儿子吸吮的部位撕成两半。然而，新生婴儿必须全天候地依靠这个部位来吸吮母乳。这一厘米长的裂口处在一个非常敏感的部位，发挥着至关重要的作用。即便如此，我们也从未想过改用奶瓶，原本就无此计划，也没人向我建议，而且我正忙于哺乳，根本没有往这方面去想。

除了许多与哺乳相关的事情外，我还进行了进一步的研究和思考。我阅读了这方面的论坛、药物评论和博客。根据这些资料中的大部分观点，疼痛主要是因为我使用了错误的哺乳姿势。同时我也在想，将来是否应该成为母乳喂养顾问，但最后总是得出这样的结论：我必须首先成为“母乳喂养”的成功案例。这些文章的内容如出一辙，但我仍会照常阅读，希望找到一些有用的东西。尤其是在夜里，哺乳通常伴随着泪水。我含泪给我可爱的儿子喂母乳，当他在我怀里安静地入睡后，我会盯着闹钟上闪烁的时间显示。每次的时间都一样：只剩下两个小时了。无法入睡的我只能伴随着自己剧烈的心跳数着距离下一次哺乳还有几分钟。有时，泪水会顺着我的脸颊不断地滴落在小老虎的头上。而在另一些夜里，我会大声哭泣，在给小老虎哺乳之后，又会疼得痛苦地尖叫。又是尖叫又是哭泣，这是我从未有过的经历。

有几次，我对自己哭得那么大声感到震惊，儿子和他爸爸也被吓到了。我的爱人经常站在我身边，却根本无能为力。如果当我忍受第一百次哺乳带来的疼痛时，他没有像第一次那样表现出深切的同情，那我就会觉得很难过。我们两个人都已经筋疲力尽。

不幸的是，我和儿子感冒了。床边现在除了药片、喂养计划、哺乳垫、吸奶器、护乳罩、毛巾、碗和保温瓶外，还有茶杯、喷鼻剂、含片和堆积如山的用过的面巾纸。与此同时，产褥期的家真的变成了病房，我们需要更多的护理。小老虎吸吮乳头吃母乳时越发难了，因为他有时会呼吸困难，所以他经常会停止吸吮，大口大口地喘气，而我不得不一次又一次地给他亲喂母乳。

我的低谷出现在晚上痛得抽筋的时候，这把我和我爱人吓坏了。母乳喂养的剧痛使我的身体一直处于紧张状态，几乎要垮了。这个警告信号提醒我们对眼前的身体是多么依赖，我很清楚：我绝不能倒下，也不能去医院，因为我必须哺乳。那一刻我很肯定，如果没了我这个奶源，儿子一定会饿肚子。站在今天的角度，选择使用吸奶器或用奶瓶哺乳对我而言完全可以接受，但在产后最初的几周，我们根本不考虑这些选项。所有这些事情似乎都成了自动化的例行公事，我们每个人都各司其职，努力让哺乳这件事变得轻松。我们压根没有考虑过其他方式。

在最初的几周，我的脑袋里充满了疑惑：为什么我的身体如此虚弱？我是不是对疼痛太敏感了？一个荒谬的想法一直在折磨着我，并拷问着我的良心：很多关于婴儿自然需求的书里都写道，现代婴儿与石器时代的婴儿没有任何不同。但是如果我的儿子是一个石器时代的婴儿会怎么样呢？如果没有任何辅助工具我能给他哺乳吗？或者他会不会在几天后就被渴死？另一个石器时代的妈妈会可怜他并喂养他吗？也许会把他从我身边带走？这个想法在我脑海中挥之不去，同时夹杂着许多自我怀疑：这么长时间吃止痛药真的对宝宝无害吗？如果一位做妈妈的朋友告诉以前的我，她正在一边服用经批准用于母乳喂养的药片，一边为此感到担心。我可能会安抚她，并让她平静下来，但私下里会笑话她。而现在那个妈妈就是我，我真的很担心。

一次又一次的幸福

我敢肯定，小老虎已经注意到了我当时不加掩饰的情绪。在最初的几个星期乃至几个月里，我们相处得很亲密，以致我无法向他隐瞒自己低落的情绪。可以这么说，在最初的几周里，他的生活完全要依靠我和他爸爸。尽管我多么希望他不会察觉到我的痛苦，但他一直出现在我身边，对我来说，这也是一件非常美好的事情。他不断地提醒我发生了什么事情：是的，我真的希望疼痛停止。然而，从一开始，当他躺在我胸前时，那种感觉就是最美妙的。虽然这听起来前后有些矛盾，但我从未想过要停止母乳喂养。也正是他完全放松的那些时刻让我感觉到了平静。等到他吃饱喝足了，慢慢入睡了，哺乳的疼痛感也就随之消退了，那个时候的我们是最幸福的。

勇敢

三个星期过去了，我总共给儿子喂了大约 336 次：每隔两小时 1 次，每天 12 次，每周 84 次，感觉这样的日子无穷无尽。在母乳喂养的这条令人感到无比痛苦的隧道尽头，我依然看不到任何光芒。今天回想起来，这只不过是 3 周的时间。即使现在回想起来，我也确信这一阶段其实花费了更长的时间，它给我的印象太深了。在感觉像是永恒的 3 周之后，我和我爱人决定做出改变：我们准备冒一次会引起宝宝吸吮混乱的风险。医院建议我们在头几周不要使用安抚奶嘴，之后，我们接触到的所有专家及相关文献都鼓励我们放弃使用安抚奶嘴。使用乳头保护罩的想法很快也被抛到脑后。儿子首先必须学会正确吸吮母乳，尽管困难重重，但我们最初还是遵循着这些建议。而 3 周后，我们偷偷地迈出了一步：我们给儿子用上了安抚奶嘴，他吸吮的需求得到了部分满足，我的负担也减轻了。这种办法很有效果，至少在几个星期内都很管用。之后为了乳房的健康，我开始使用乳头保护罩。我挺幸运的，因为我的助产士同时还为我准备了一台激光设备，让我可以在家里自己处理伤口。我给手机闹钟设定了一个新的备忘录，每隔六小时用激光护理一次我的乳头。所以整整一个星期，我戴着特别大的绿色激光眼镜，日夜赤裸着上身坐在客厅的桌子旁。而我的有关这台设备的使用培训，是在自己的车后座上完成的，就在一个人来人往的火车站前的汽车停车换乘站里。这些场景价值千金，同时也荒唐至极。我就这样进行了一个星期，成功了。在经历了总共长达五个星期的痛苦之后，我逐渐开始停止服药。它确实奏效，一切都感觉很好。从那时起，我就可以随时随地哺乳，怀着极大的喜悦和感激之情。最终，我反而不明白的是为什么当初母乳喂养竟会如此痛苦。我也完全用不着在那些不眠之夜，疯狂地在网络论坛和文章中向专家寻找原因。当三个月大的儿子长出第一颗牙时，我自己的母亲告诉我，我生出来就有牙（至少在她的记忆中是这样的）。我释然了，原因也许就在这儿：或许从儿子出生的第一天，我开始给他亲喂母乳时，他的牙齿就已经开始工作了。

回到起点

我们一家三口共同在家里度过了产后的第一个月，我爱人经常会照顾我们的小老虎。他每天都会腾出好几个小时来背着儿子出去散步，这让我拥有了大量的休息和睡眠时间。前几周最大的问题还是哺乳产生的疼痛。从产后第 5 周起，我和儿子在白天就可以独处了。虽然我们俩每天在一起的时间最多只有六个小时，但似乎有一个无法解决的难题降临了——新的挑战是：产后盆底肌疼痛。

五周后，我停止了止痛药的服用。这时，盆底肌的疼痛感让我措手不及，我完全没有预料到会出现这样的情况。刚背起儿子还没走几步，我的身体就不行了。我知道，我要是不想落下这个病根，就必须躺下来做好恢复。起初，我没有在意站立状态下身体的负重感。后来，当我将儿子抱在怀里时，体内所有的警钟就都敲响了。产后四个星期零一天，我第一次独自带着儿子去散步，恰好 200 米的一小段路程。而刚走了 100 米，我就感觉自己体力不支，需要转身回家。几个星期以来，一直是我爱人带着我们的儿子，四处走上几个小时，而现在他并不在我身边。从现在起，白天都会由我来抱儿子，可是我的身体状况让我感到有些力不从心。我有两个选择：一是如果我不能满足儿子要抱抱的这个迫切需求，那绝对会是一场噩梦。每当我想把他放下来时，他就会大喊大叫。我根本无法忍受这种情况的发生。二是如果我一直抱着他，那么身体就会承受过多的压力。我很清楚这种感觉。怎么会这样呢？我的整个分娩过程都非常顺利，没有发生任何意外，也没有受伤。而且我也读到过一些文章说可以抱孩子，只是不要超重。对我来说，这个矛盾是一个我无法解决的两难困境。因为身体上的限制，我心里产生的强烈无助感甚至超过怀孕时。以前，如果我因为挺着一个大肚子而不能亲自去做一些事情，我会等我的爱人来帮我，或者我会向其他人寻求帮助。但现在情况不同了：儿子要想趴在爸爸的身上，就必须等到晚上爸爸回家，可是他根本就等不及。那么，这个任务自然而然就落到了我的身上。为了能够临时搭把手，帮帮忙，我妈妈来到了我们家。

去慢跑吧

我们还是没能成功地让宝宝乖乖躺下。之前买的婴儿摇篮落满了灰尘，带轮婴儿床上堆满了杂物，昂贵的婴儿车停放在一旁，直到被搬到地下室。甚至连最漂亮的拱形玩具架，也无法激起儿子的一丁点儿兴趣让他至少能够躺下来几分钟。在刚出生后的那几个月里，他只想被我们抱在怀里。因此，我不得不开始注意我的盆底肌。但我并不知道这种状态还会持续多长时间。

大概到了第二个月时，我开始会躺下来做一些轻度的盆底肌训练。当年，系列电视剧《欲望都市》启蒙了一大批像我一样的年轻人，我就是通过该剧得知了这一肌肉群的重要性，这让我很受益。没想到简单的练习，效果却很好，我还非常期待去上产后恢复课程。但是两个月后（即 2020 年 3 月）病毒的出现，在很大程度上改变了德国人的日常生活，课程也只能以虚拟形式在网上进行。现在回想起来，这门课程对我来说简直是一场灾难。它的要求太高了，从来都不管我的身体是否能够适应，这给我带来了巨大的压力，因为每周必须有人帮我照管我的儿子 75 分钟。为此，他爸爸要专门抽出几个小时的工作时间，带小老虎出去散步兜一大圈，直至他成功在上午睡着，等到我完成最后一次深蹲后的几分钟内，再把他交还给我。运动后气喘吁吁、汗流浃背的我，开始陪伴着醒来后的小老虎。我必须等到他午睡时才能淋浴洗澡，有时甚至需要等到晚上。这门广受赞誉的产后课程重点非常明确：摆脱产后身材，通过减重和紧致肌肤，快速恢复体型。尽管我最初的确受到了鼓励，但我很快意识到该课程并不适合我。对我来说，重要的是能够毫不费力地站起来，并且能够弯下腰轻松地触碰地板。在最初的几个月里，我连最简单的动作序列都完成不了，课程又特别着重于腹部、腿部、臀部训练。我没有听从自己内心的感受，而是继续上课，因为这是受到医疗保险公司认可的课程。我的骨盆底似乎比以前更沉重了，也就是说，我的身体还远不够强壮，做这样的训练，反而让我变得更虚弱了。因此，这个康复课程对我来说绝对是个失败的体验。

所以我去请教了我的妇科医生，希望她能够帮助我。我向她倾诉了——带着眼泪，这也是一种全新的体验——我的忧虑和行动不便的痛苦。最令我担忧的是器官脱垂，因此我希望得到相应的咨询和检查。我想要知道答案：究竟发生了什么？具体意味着什么？我能做些什么？我要注意什么？如果我想要第二个孩子怎么办？这对更年期意味着什么？我的妇科医生用一两句话就打发了我。她谈到了敏感的身体，母乳喂养产生的荷尔蒙，这一切都很正常，我没必要恐慌，生完孩子都会这样。她建议我多把孩子交给别人代为照顾，我需要有自己的时间，我应该培养慢跑的习惯。你在说什么？从未有人对我的想法如此视而不见，听而不闻，完全不理解我。同时，作为我的主治医生，她应该帮助我解决问题才对。对于自己内心的无助感，我感到十分失望。在和医生约谈之后，我才意识到这些建议是多么不对劲，我不需要自己的时间，也不想要离开孩子来放空自己。相反，我需要的是好的建议。我其实很清楚这不是产后的正常状态，我的身体每天都在告诉我这一点：出问题了。我觉得很不安，这难道是我想象出来的？我是不是太娇气或者太敏感了？

收紧和放松

回到家里，尽管有家人的大力支持，但我还得独自面对骨盆底引起的不适。我爱人尽可能让我远离所有身体上的压力，有许多人伸出援手来缓解我抱孩子的压力。然而，如果他们没有亲身体验骨盆底不适的感觉，他们怎么会想象得到“盆底的沉重感”呢？连我自己也无法准确地描述我的这种不舒服的状态，只能夜以继日地进行研究，并跟着 YouTube 视频使用类似电脑游戏的 APP 自行训练。因为有一个观点被反复强调：骨盆底由肌肉组成，我们可以像训练其他肌肉一样来训练这些肌肉！

“收紧和放松，收紧和放松，收紧和放松，然后保持住”，这成为我的新口头禅。我的医疗保险公司为我安排了六次理疗，每次持续 25 分钟。为此我不得不去诊所三次，每次都像长途飞行一样让我筋疲力尽。这些理疗给了我一个宝贵的启示：一切都取决于放松和时间。和很多产后来诊所的女性一样，可能是因为母乳喂养的压力和不分昼夜的大量训练，我的整个身体都处于紧张状态。我并没有如愿以偿地发现问题所在。治疗后也没有任何明显的改善。

我从“盆底中心”了解到，现在就让他们提供帮助还为时过早。我必须忍受十四个月的盆底疼痛。只有在情况仍得不到改善时，我才可以去找他们。什么？十四个月！怀孕期间，我就听说盆底功能恢复可能需要九个月的时间，与怀孕时间一样久。可是对我来说，康复课程结束后其实还没能真正康复。九个月的恢复期听起来很长，但似乎还能接受，九个月后身体就能恢复正常。产后的那几个月，我对“正常”的定义已经改变了。分娩之前，我以为一切都会和以前差不多，我可能需要一些时间来减重，也许还会留下妊娠纹。现在，在产后康复过程中，我理解的正常的身体状况不再是怀孕和分娩前的身体状况，而只是一个功能良好的身体：一个让我感到舒服的身体，不用每天去想还有哪些不适。现在，我要再次达到这个新的“正常状态”的时间又延长了。

振作起来，继续前进

经过数月的知识探索，我还是向命运低头了。我接受了这样的想法，即脆弱的盆底肌可能会伴随我的余生，而且我也清楚地意识到，我每天必须更加注意自己的身体：不能和小老虎赛跑，不能慢跑，不能在室内游乐场蹦床，不能剧烈运动。如果要打喷嚏或咳嗽，则需要先将头转向一边。尽管有这些日常的注意力训练，但对我帮助最大的是放弃了每天必须做些什么的想法。除了一开始糟糕的几个“哺乳周”外，产后第一年的前三个季度，每一天都是让我紧张的“骨盆日”。一想到以后会一直这样，一想到在做每一个动作前必须仔细想一下，一想到我的身体不再轻盈，我就很紧张。直到产后一年半多，我才被诊断出患有器官脱垂，显然我之前的感觉没有错。令人惊讶的是，这个信息在某种程度上让我感到莫名的释怀。我现在知道，之前的那些感觉并不是我的臆想，我也没有太娇气。我只是非常准确地捕捉到了自己身体上出现的那些征兆。现在，我终于可以面对它了。回想起来，我真不敢相信我当时是多么不安，我的妇科医生居然建议我去慢跑，万幸我没有听从这一建议。

旅程还在继续

总的来说，我已经学会了珍惜自己的身体，因此现在比以往任何时候都更加爱护自己的身体。自怀孕以来，我吃得更健康，让身体得到更多的休息和睡眠，并开始定期锻炼。对我来说，再次拥有良好的身体感觉，会是一条漫长的道路，这段旅程还在继续。最近，我在一次缓慢的骑行过程中从自行车上摔了下来，这让我发现自己的身体仍然缺乏平衡感。情况就是这样。

即使我的健康在很多方面都得到了保证，但这段旅程中的某些方面仍然让我感到难过。我觉得自己孤零零的。医疗保险公司只承担大约十次的康复费用，我觉得他们厚颜无耻，在这方面对女性的健康投入如此之少，着实让我很愤怒。那些糟糕的建议，无论是来自网上的，还是来自那些医疗专家的，也经常让我感到震惊。这是怎么了？他们对我心中的关切漠不关心，只会说说“母乳喂养一开始会很疼的”“身体恢复就是需要时间的”这样的话，这让我产生了自我怀疑，也让我打消了寻求进一步帮助的念头。在这个阶段，我必须独自面对这些担忧，别人并不把这当回事儿，这让我觉得非常没有安全感，更感觉自己受到了伤害。我很想知道我是否可以抱怨疼痛，或者是否每个母乳喂养的妈妈都会有同样的感觉。我还在想是不是因为我过于关注骨盆底引起的这些感觉了，所以我才会过于敏感？我是不是应该不顾自己的身体感觉而只是咬紧牙关再忍一忍？我也在想，我是不是世界上最自私的妈妈？我被这个想法折磨着，它会不断地在我的脑海里闪现，尽管我很肯定，我应该且想要陪在小老虎的身边。

我花了很长时间才摆脱这些疑虑。我的分娩经历对此有很大帮助。事实上，我几乎眼睛都没眨就进行了无干预自然分娩，宫缩也没有很疼。相反，我觉得在小老虎的出生过程中我几乎没有痛苦，这将作为一种最伟大和最美丽的经历留在我的记忆中。事实上，通过与其他女性的交流，我越来越多地接触到类似的经历。实际上，我并不是唯一一个有这样经历的人，这让我松了一口气。我经常读到或听到，在我们这一代人之前，女性在没有类似护乳罩和基于 APP 的骨盆底训练器等有效的工具的情况下，也遇到了类似的挑战。在我看来，进步并不意味着我应该对这些担忧保持沉默。我发现母乳喂养的痛苦让我难以承受，但我不明白为什么有些辅助工具会遭到如此强烈的反对。我的骨盆底几乎每天都给我带来负担。幸运的是，我从未有过尿失禁的问题。不过，我想把这些真实的经历写下来，单单这点就可以表明，这个话题曾是多么令人羞耻。我不明白在盆底健康方面，要获得公开的、直截了当的意见和支持，为何如此困难。众所周知，许多女性因哺乳带来的疼痛而根本无法进行母乳喂养（尽管她们愿意）

竞赛自行车换成了一辆笨重的货运自行车。

组成家庭的时间

人们总说没有一个真正合适的怀孕时间，一切都是刚刚好。我一直都无法理解这句话，就算现在回想起来，还是无法完全感同身受。没有什么事情是刚刚好的，许多事情都会发生变化，必须进行规划才会有所不同。就我个人而言，只有当我在职业上找到了正确的定位时，才会想到生育这个问题。而只有当我在个人生活中享受了很长一段时间的自由和环球旅行之后，才有可能考虑成为一名母亲。在这两方面都获得了满足以后，我才逐渐有了要孩子的想法。当我获得博士学位时，我觉得时机来了。这时一个合适的伴侣走进了我的生活，让我愿意冒一次险。我的身体状况也对我们的育儿计划有一定的影响，我害怕变老，担心年纪越大，生孩子就越困难。在我刚满 30 岁时，我的妇科医生就已经建议我应该想清楚是否要孩子，因为到了 40 岁才意识到自己想要孩子是很愚蠢的（这话是医生说的，不是我说的）。存在着一个我不该逾越的生育年龄限制，这让我压力很大。我不想受制于年龄，但我不得不把它纳入考虑范围。

流产

我第一次尝试就怀孕了。我觉得要说出这样的话还是挺难的，因为我知道很多人都没有我这么幸运。但对我来说，知道这一点在怀孕的第 8 周尤显重要，因为那时我们的宝宝心脏停止了跳动。快速怀孕的经历，让我挺过了流产的那几周，我很快就想好了我们什么时候可以再试一次。

我之所以写流产的“那几周”，是因为这对我来说不是一次单一的经历（比如确诊流产的那天）。事实上，在这之前的几天里，我一直有轻微出血，这让我有些担心。最后一次非常疲惫的出差，忙碌了整整一天，让我几乎没有休息的时间。我没有参加随后举行的圣诞晚会，早早就回到了柏林。那天是星期五，我感觉很糟糕。我被一种完全陌生的感觉击倒了。还有，突然间我觉得自己不再是孕妇了，这听起来简直不可思议，但怎么说呢，这就是我当时的感受。

因此，我在妇科医生那儿的经历有点出人意料，但又似乎不是这样。我可能永远都不会忘记那一天。妇科医生在我的肚子上拍了两三下，好像在轻推肚子里的宝宝。然后她告诉我，她看不到胎心。顿时，巨大的悲伤向我袭来。在那一天以及接下来的一周里，我日日以泪洗面。但我仍会从生物学的角度来看待这个意外情况，因为细胞分裂或发育不全，很多女性都有过流产经历，这反而不是件坏事。每当谈到这个话题时，你或许从其他人那里也能够听到诸如此类的话。

好几个月过后，情况发生了变化。我有时会想，那会是一个什么样的孩子呢？我还时不时地会想，这或许归咎于我的一些不当的行为。在某种程度上，我为发生的这一切感到内疚和自责。

虽然流产的经历很糟糕，但我觉得自然流产才是经历流产的正确方式。直到我的身体出现无法分娩的征兆，日日夜夜血流不止，而我对此毫无准备。圣诞节的时候，我去了父母家。在我童年和青少年时期用过的浴室里就曾经历过这样的状况，而那里也正是我经历月经初潮的地方。那里见证了我未来截然不同的生活轨迹，没有什么比这两段刻骨铭心的经历更能体现我的人生分野了。然后是荷尔蒙的变化。我真真切切地感受到身体里的荷尔蒙再次下降。接下来，我泪流不止。就像助产士所说的那样，这是一段艰难的经历。

由于很少有人谈论流产，所以我决定公开讨论这个话题。我将自己这次的流产经历告诉了我身边的朋友们，并与有过类似经历的女性分享了我的感受。现在，我基本上知道了世界各地数以百万计的女性已经经历过什么，或者将要经历什么。这段经历也进一步丰富了我的人生体验。我很清楚，我之所以能这么乐观地看待这件事，主要是因为我很快又怀孕了。在流产 4 周后的生日那天，一位朋友告诉我，子宫现在已经非常干净，为下一次怀孕做好了准备。她在生第二个孩子之前也流产过，所以能理解我经历了什么。这种人与人之间的联系及由此产生的亲密感对我帮助甚大，我第一次经历了这样一个特殊的时刻，感觉到与另一名女性的联系是如此紧密。荷尔蒙的起伏、对身体变化的感受，以及与其他女性建立起新的联系，这些全都是我“成为母亲”之旅的重要组成部分。

新的尝试

我们等了三个月才再次尝试，然后我感觉我又怀孕了。但我可能判断错了：两次测试结果都是阴性。这令我有些惊讶，因为我确实有异样的感觉！失望之余，我至少有机会和朋友一起去一家法国小店喝一杯香槟。几天后，我坐上了飞机，准备去康沃尔待 3 周，每天上午上英语课，下午休息放松。这段时间里，我把自己从以前高压的日常工作和生活中解脱出来。出于某种我自己也无法理解的原因，我表现得像又怀孕了一样，在东道主家吃晚饭时，我不会喝酒，只会吃一些孕妇可以吃的食物。

我又买了两条验孕试纸，觉得会用得着，也没有告诉任何人这件事，只是享受“独处”的时光，仿佛把自己置身于一个只有我才能读得懂的神秘故事中。这件事如此深刻地保存在我的记忆深处，因为这不符合我的本性。我更喜欢社交，希望尽可能多地去体验和冒险，所以我的睡眠时间往往不够。但现在我的情况不同了，我工作繁忙，有几个项目正在同时进行，而我在其中扮演着核心角色。最近因劳累而流产的经历引发了我一个新想法：我必须放慢脚步。尽管孕检呈阴性，但我有种非常清晰的感觉：我一定是怀孕了。有两天，我还出现了腹痛和少量出血。这时，一方面，我感觉自己的身体又一次开始发生变化。另一方面，我也在为可能会再次发生类似事情做好了准备。

我是对的。我进行了两次试纸测试。验孕棒测试两次都显示两条杠，呈阳性。我又怀孕了。我丈夫似乎也有同感，他对这个喜讯的反应是："我就知道会这样！"在无比喜悦的同时，我又有些担忧。从第一次怀孕的经历来看，腹部的疼痛感和两次轻微出血让我有些苦恼。我做了一些全新的尝试，练习着去倾听并感受自己的身体，做一些有益于身体和怀孕的事情。对我来说，最重要的是放慢脚步：不能超出任何身体上的极限，在清新的空气中漫步。这些小事看似平淡无奇，但对我来说，它们非常特别。

回到德国后，正式确诊怀孕。我从一脸喜悦的妇科医生手中拿到了我的怀孕证明。不久之后，我们第二次约谈，为的是讨论检查结果。我不知道为什么她又约了我一次。没有进行超声波检查，我也没有任何特别的情况可以向她汇报。她静静地盯着屏幕看了很久。这让我又想起了上一次诊断出流产的画面。但随后她抬起头，用手比了一个"二"，说她看到了两颗心脏：居然是双胞胎！

我从来没有想过这种可能性。我既没有双胞胎亲戚，也没有接触过双胞胎。所以，在此之前，我的世界里没有双胞胎。总之，这种情况完全在我的计划之外。但如果我们谈到生孩子，也许这才是应该顺其自然的事情。今天我非常感激，因为两个宝宝是我一生中最大的幸福。然而，在我发现自己怀的是双胞胎的那天，我真的感觉蒙了。

问题，问题，还是问题

在产前与医生的约谈过程中，我和丈夫听到了一个令人不安的消息：两个胎儿没有隔开，她们共同由一个胎盘提供营养。简单来说：她们共用一间卧室和一间厨房。这会引发一系列的风险。首先，必须不断检查两个胎儿的发育是否均衡。换句话说，胎盘是否为两个胎儿提供了同样充足的营养。胎儿间输血综合征（FFTS）会导致一个胎儿长得又大又胖，而另一个胎儿则又小又瘦（或在子宫中夭折）。

此外，没有分隔的胎盘在孕晚期会是一个很大的风险。胎儿很可能会被脐带缠住，孕早期的运动有时会使脐带缠绕到另一个胎儿的身上。等到孕晚期，随着胎儿长大，麻烦就会更大。虽然这些还只是第一次谈话的内容，但对话中“风险”和“问题”出现的频次太高了。在后来与医生的谈话中，我们还得到一个信息，即出现这种怀孕症状的前三个月，胎儿估计有 50% 的概率无法存活。唉，即使过了这么久，当我回想起这段时日，我仍然会不自觉地深吸一口气来缓解内心的紧张。这些信息让我和丈夫非常担忧，我有点无所适从，因为我只能眼睁睁看着自己的身体面对这种困境，却束手无策。

以我的经历来看，怀双胎虽然可以说是充满艰难，风险重重，但从一开始我就非常开心，和肚子里的两个宝宝在一起，让我感到温暖和愉悦。与此同时，医生也告知了未来几周可能发生的和需要监控的事情，所以我保持着观望的态度。我不能就此放弃，特别是在孕早期，必须做到谨慎、克制，不要因为要当妈妈而过于兴高采烈。这种克制的态度对我来说是从未有过的感受，是我成为母亲初期面临的一个很大的挑战。

随之而来的是持续数周的孕期恶心。到第 4 周时，我孕吐得很厉害。直到第 14 周，恶心感终于缓解了许多。也正是从那时起，我和丈夫在接下来的一次检查中也终于获得了一丝安全感，看到了一线光明：一切都会好起来的。现在回想起来，当时的恶心感是我内心巨大恐惧的外在表现，我惧怕再一次经历流产，失去我的孩子。但是第 14 周的诊断结果终于让我们觉得接下来的孕期旅程是美好的。宝宝们很健康，发育情况也非常好，而且胎盘中是有分隔的！直到现在才知道，当初那个妇科医生的判断并不正确，其实当时她还无法确定是否存在隔膜。如果她的医术更高明一些，也许这几周对我来说就不会如此糟心。

我如释重负，此时的感觉无以言表。还剩下一个问题，就是这两个小家伙的发育是否均衡。但由于现在每隔两周就要进行一次全面检查，所以我能够很好地应对风险。从那时起，我确信我们的双胞胎女儿会很健康。那一刻，我非常享受我的孕期。

嗨，这是我的身体

当人们发现我怀孕后，尤其明显的变化是，我的身体突然成为他们关注和议论的焦点。突然之间，当我们互相打招呼时，他们的目光会飞快地落到我的肚子上。甚至连陌生人都想摸摸我圆滚滚的肚子，就像人们从保龄球道中间把手伸向保龄球一样自然，似乎这就是他们的目的。我经常能够很好地阻止这样的行为，只有一次我忍住了，没有刻意阻止，因为当时对方实在太过实诚了。

现在，我必须承认，怀双胞胎引起了人们的特别关注：我的肚子太大了。我在怀孕的某个阶段走路时身体左右摇摆得厉害，也引起许多人的议论。他们提出的问题之丰富，就像水彩画盒子里的调色板一样丰富多彩。会在怀孕的某一周，肚子突然变得特别大吗？毕竟你怀的是双胞胎，你现在的肚子是不是有些太小了？就这些话题，有些人可以没完没了地说下去。但除了这些与我怀孕期间的体形相关的话题外，我所关心的是，这两个孩子是否健康。最重要的是，这两个孩子有没有均衡发育，是不是足够大，是不是一直在长大，是不是长得一样大……每隔两周的检查自然就成为日常生活的一部分。这些关于我肚子大小的所谓“轻松的”对话，给我的心理蒙上了阴影，听到别人的这些议论，我的内心会感到非常不安。

更滑稽的是，人们肆无忌惮地谈论我胖了多少斤这个话题。透露一下：到分娩当天，我的体重增加了 25 公斤。这对我的臀部和膝盖造成了特别大的压力。就个人而言，我早在几年前就和体重秤说再见了，而在孕期我又一次开始测量并控制体重。有趣的是，其他女性会先问我的体重，并很快补充道：“我也增加了 7 到 10 公斤。”语气意味深长，仿佛这些数字已经处于深渊的边缘。我认为，体重增加的幅度是因人而异的，完全没必要与别人比较。我很讨厌别人如此无所顾忌地谈论我的体重。当我和那些爱嘲笑别人的女性朋友待在一起时，我也曾想嘲笑她们一番。就像她们针对我的外表提出的一些问题，我也可以反问她们。比如你多了多少根白发？你又长了不少皱纹！哎，你走路的样子是不是特别伤关节？当然，我从来没有问过这些问题，这足以说明这些问题实际上是多么不合时宜。

但是，在某些阶段，这种变化确实困扰了我。在与朋友和家人的交流中，他们并不是总能倾听我的诉说，并给予我充分的理解。我抱怨道，我的身体已经公开了，人们太过分了，他们可以随意摸我……当看到我隆起的腹部时，他们会发出异样的笑声……这些大致就是我当时心中的抱怨情绪。而我有时得到的反馈却只是，我现在特别敏感。是的，在即将成为一名母亲的那段时间里，我特别敏感。我没想到自己会这样，而且我真的好想找人诉说这些苦恼。或者说，如果我没有任何其他问题，那么一切都会重回正轨。但另一件事也是对的，我明白总有比当前更糟的情况。当然别人也会遇到问题，或许还有更大的担忧。尽管如此，对我来说，成为母亲的旅程所带来的变化从这里开始了。我对一些人很恼火，尤其是那些陌生人，他们到底想从我这里得到什么！这一直都是我的身体和我的生命！不是吗？身处舒适区的狭小圈子，使我对很多事情都不理解，这进一步加剧了我的烦躁和不安。我这是怎么了？为什么我会在各个方面都磕磕绊绊，却没人理解？那种感觉吞噬了我，我感觉失控、恼火。我没想到这种感觉会如此强大，这让我深感惊讶。

比如，我在一家大型服装专卖店的经历，让我有了全新的感受。在孕晚期，肚子越来越大，伴随一些轻微的副作用，我不得不在那里上厕所。当我离开洗手间时，其中一名店员在用一种舞蹈动作来模仿我的步态，并把他的双臂弯曲成大大的圆圈来模仿我的肚子。他是疯了吗？那一刻，我感觉很受伤害，真想像刺猬一样蜷缩在洞里把自己藏起来，或者径直走过去骂他一顿，然而，两者我都做不到，因为我挺着一个大肚子。我感觉到了从未有过的愤怒和伤心。

分娩

既愤怒又伤心，在我分娩的那一刻，这种感觉再次袭来。我们的两个宝宝是剖宫产生下来的。我为她们的出生准备了好几个月。正因如此，剖宫产对我来说是一次非常美好的经历。我对此充满感激，我知道这绝对不是一件轻轻松松就可以完成的事情。

在准备剖宫产时，麻醉师几次麻醉尝试都失败了。讽刺的是，在背部注射麻醉剂，是我想到分娩时最担心的一件事情。那天晚些时候，我丈夫数了数，一共进行了七次注射尝试，全都没有取得预期的效果。我事先被告知，一旦麻醉剂开始起作用，我的腿就会变热。不过，两位麻醉师告诉我，麻醉剂还没起作用，应该不会有什么感觉。可就在这个时候，我的臀部和一条大腿的后侧袭来一种灼热的感觉。当时，我光着身子躺坐在冰冷的手术室里，手术台上导管已经准备就绪，这情形本身就“有辱人格”，再加上我的背部还在被不停地注射，我的内心十分不安。我告诉医生，我的臀部变得越来越热了，他却对我说这不可能。我又等了几秒钟，再次跟他说我的臀部现在很热。这时麻醉师问我，我的臀部是不是一直这么热。这句话简直了！他说：你的臀部是不是一直这么热？我当时就明白他的言下之意了：我赤身裸体，在手术室中冻得浑身发冷，只能完全依赖于这个试图将麻醉剂注射进我脊髓的人。我至今仍不敢相信这是真的。可惜，那时我的身体状况不允许我做出应有的反应，或者至少我当时应该进行自我保护。但在那个艰难时刻，我只能听凭摆布，这是我当时的真实感受。

两个宝宝出生了！

我们的双胞胎宝宝比预产期稍早一些出生了，但她们发育良好，因此不需要被保护性隔离，也不需要被放入暖箱。我们高高兴兴地和两个健康的女孩一起开始了新的生活。在经历了剖宫产手术后，我在完全依赖别人的情况下度过了最初的 24 小时。幸运的是，丈夫和我们可以一起住在“家庭房”。过了好几个月，我对别人的依赖才相对减少。当然，最初的几个小时需要花一些时间来适应，尤其是不能独立从床上坐起来。我记得有一次，躺在侧床上的两个宝宝开始哭闹，但我够不到她们，周围也没人可以帮忙。我丈夫平时都待在我身边，刚好这时因为要和护士商量一些事情走开了。我躺在床上，却坐不起来，根本帮不到我的两个宝宝。尽管如此，我还是一次又一次地尝试着以不同的方式弯起身体去触碰几厘米外的侧床。这引发了一些部位的疼痛，因为我的腹肌已经和原来完全不同。与其他孕妇一样，在怀孕期间腹肌会变得很松弛。我感到前所未有的无助！尽管我丈夫很快就赶到了，但我还是感到无比伤心和绝望。正是从那天开始，在这张病床上，我开始努力恢复日常生活中的自理能力。尽管那晚是我第一次起床，但我知道，要完全恢复独立还需要一年半载。经过这段时间之后，我在生活中的各个方面都重新找到了安全感。我能够带着两个宝宝去面对日常生活中的那些挑战。在此之前，就像一直在跑马拉松一样，我挣扎过，沮丧过，成功过，也失败过。我根本不知道自己是否能够独自越过下一个山丘。

在接下来的几个月里（就如同怀孕的那几个月），我的身体对我和两个宝宝来说变得前所未有地重要。不论是白天还是夜晚，只要宝宝有需要，我就要给她们亲喂母乳。抱孩子，换尿布，穿衣服，这一切都在周而复始地进行着。作为宝宝们的父亲，我的丈夫也需要应对各种挑战。与其不同的是，作为母亲的我，体力非常有限。负重能力的恢复非常缓慢。上楼梯、起床或从沙发上站起来必须经过反复练习，更不用说，为了一顿简单的晚餐而出门购买食材了。因恶露不下，我又去了一趟医院，在接下来的几天里，我不得不在每一分钟的空闲时间里（实际上并不空闲），趴在地板上放置的一条卷起来的毛巾上。我记得当时的情景，我的丈夫负责去洗堆积如山的衣物。而在负责母乳喂养之余，我会趴在一条卷起来的毛巾上，以刺激恶露流出。我不禁笑了出来，我实在没有想到会是这幅景象。主要是笑我自己太天真了，几天前，我还坚定地认为不会有太大的改变。

“是否选择母乳喂养”这是个问题

带着一个浪漫主义的设想，我在分娩前就决定要规划一个丰富的产后恢复生活。即使现实中的产后恢复生活比我最初预想的少了一些浪漫，但让我的身体得到了更多的恢复，我相信这对我有好处。所以，产后前三周我都是在床上或沙发上度过的，我总是会找机会躺下来。此外，许多新任务从这时开始也将进入我们的生活。几周后，我用母乳喂养替代了医院提供的奶瓶喂养。在给两个宝宝断奶之前，母乳喂养总共经历了十五个月。在这段时间里，我一直惊讶于自己的身体竟然可以供养两个小宝宝。我读了很多书，成为母乳喂养的“粉丝”。但母乳喂养也让我好几个月睡不好觉。回想起来，我甚至不知道我是怎么做到的。宝宝们大约每隔两小时需要哺乳一次。在最初的几周，为了让她们快速增加体重，我必须让她们在吮吸母乳时保持清醒。在接下来的几个月里，她们就像是反过来“报复”我：那时你把我们吵醒了，现在我们也要把你吵醒！于是，几个月来，她们利用每隔两小时接受一次母乳喂养的机会让我彻夜难眠。

我同时给两个宝宝进行母乳喂养。因为如果分开喂养，那我必须交替地喂完一个再喂另一个，这样我夜里几乎不能入睡。因此，我决定在给一个宝宝哺乳时，立即叫醒另一个宝宝。我也不可能躺在床上，一边睡觉一边哺乳（正如一些女性后来告诉我的那样）。那是冬天，我可以说是又冷又累，而且身体还很虚弱。我坐在床边，把两个巨大的哺乳枕头放在我身上，然后慢慢地把两个孩子分别抱到我的左右两侧。一开始，我不得不让我丈夫起身，帮我把宝宝放在哺乳枕头上。幸运的是，后来我一个人就可以完成这件事情了。

对我来说，和两个宝宝一起度过的第一个冬天，充满了各种不易。原本我还在想，可以用吸奶器将母乳吸出来，这样一来，在给宝宝喂母乳时，我丈夫就可以帮上忙了。但这种方法其实根本行不通。我试了一遍又一遍，也只不过是用吸奶器吸出了20毫升的母乳。我很沮丧。这意味着，为了将母乳用吸奶器吸出来，我得一直坐在椅子上为这件事费尽心力，根本不可能利用宝宝睡觉的时间来休息。最终，我还是放弃了将母乳吸出来的想法，继续夜以继日地进行母乳喂养。在好长一段时间里，母乳喂养都是不可或缺的。我甚至觉得有点对不起我丈夫，因为他本来还是挺愿意接手给孩子喂食母乳这件事的。

在接下来的六个月里，每隔两个小时，我的睡眠就会被打断一次，这让我变得很虚弱。我以前从未感到这么疲惫过，仿佛身体所有的能量都消耗殆尽了。有时，在早上，当我站在尿布更换台跟前面对着两个宝宝时，都不知道该如何度过这刚刚开始的一天。我很快意识到，我正处在最低需求层次。在那段时间，我只是想让自己能够挺过去，无论是在身体层面，还是在精神层面。为此，我需要有规律地吃健康的食物，以及喝大量的水。所以在早上起床后我必须先吃点东西，随时准备好水或茶，为的是让我的身体能够允许我和两个宝宝一起完成母乳喂养的这场马拉松。我的第二顿早餐很快就做好了，相比平时正常的饭量，热气腾腾的两顿大餐让我一整天都充满了能量。

在这段时间里，我逐渐开始关心自己的身体。我比以往任何时候都更加了解自己的身体。通过这次经历，我也认识到，必须要对自己的身体负责，否则我们的日常生活就会像纸牌屋那样轰然倒塌。有一个很大的变化是，我可以比之前更加直观地去感受一些行为及其产生的结果：如果我喝得太少或吃得太少，我的母乳量就会明显减少。两个宝宝在小睡片刻后就会醒来，闹着要吃母乳。由于我不能将两个乳房都给一个宝宝来吸吮母乳，而是不得不同时喂养两个宝宝，这让情况变得更加糟糕。在这段时间里，我心里有一个强烈的想法——我的身体绝不能垮掉。无论如何，我都必须克服各种艰难，闭上眼睛，挺过去。

我和我的身体

经过前后两次怀孕、剖宫产和哺乳期，我的身体发生了特殊的变化。即使是现在，在某些日子里我还是能感觉到剖宫产疤痕引起的不适。特别是在断奶之前，身体完全处于松弛状态，在某种程度上，甚至可以说是软绵绵的。对我来说，如何好好度过这一年半的时间，如何照顾好两个宝宝，如何合理应对日常的需求，如何坚持下来渡过难关，这些远远要比关心自己的外表更为重要。我之所以尽可能地让自己有一个良好的身体素质，为的是能够健健康康地照顾好我的两个宝宝，根本无意去考虑自己的外在形象。我很少化妆，理了一个洗发后甚至都不用专门去吹的发型。我穿的衣服还算合身，别的我压根儿就没有特意去想。我很高兴自己能有这样的想法！我不会让周围或社交媒体上的那些长得好看、穿着得体的人给我造成心理压力，我完全不在意这些。能够在最初的几个月里和两个宝宝及我丈夫一起经历这段特殊的时光，我已经感到很满足了。两个宝宝对于我的依赖，让我尽可能不去考虑自己的外在形象。在我看来，与孩子相处过程中的这些基本体验反而是非常珍贵的。

当了妈妈大约两年后，我感觉自己的身体又恢复了原样。我还是我，甚至拥有比以前更多的宝贵体验，因为我已经成为母亲，有一对漂亮的双胞胎女儿，对她们的爱充盈了我的生活。母乳喂养已经结束，夜晚变得更加轻松，一切又都变了。我恢复了体力，补足了睡眠。在照顾好自己的同时，也能照顾好两个宝宝，现在连指甲油和化妆品也都回到了我的梳妆台上。

来自科学的声音

显然，女性的身体会随着怀孕和分娩而发生变化。虽然成为母亲的其他过程不太为人熟知（例如精神或心理层面的过程），但身体层面的变化却是外人所能看到的。人们在亲朋之间及社会上广泛讨论这种变化。除了那些来自社会的对快速恢复体形的压力外，那些不太明显的精神或心理层面的变化，也会影响母亲们在怀孕期间或分娩期间的身体感受，会让她们感到有些不安。我们要关心和重视自己的身体。另外，女性在怀孕后通常会与身体建立一种不一样的联系。

身体的公开（与不公开）

女性一旦怀孕，她身边的人往往不仅会对她肚子里的宝宝感兴趣，而且会特别关注她的身体感受。大肚子通常会吸引陌生人的目光、议论，甚至触摸。在这个阶段，身体上的变化也象征着生活中一些密切相关的方面发生了深刻的变化。心理治疗师亚历珊德拉·萨克斯描述了一些准妈妈面对自己身体上的变化所表现出的矛盾情绪。准妈妈们自己经历的身体变化，以及身边的人对她们身体的关注，极有可能让她们产生负面情绪。赞美身体的变化，例如变得越来越大的肚子，可以使女性感到欣慰。然而，有些时候，女性也可能会觉得，这样的行为其实已经越界了。一些女性觉得肚子越来越大，则意味着越来越幸福，而另一些女性则觉得自己受到了限制，无法灵活动弹，并且感到极度不适。社会上对（准）妈妈的身体评价也存在一定的双重标准：一方面，女性因身体付出的努力而受到赞扬，身体的变化得到善意的认可；另一方面，人们期望看到的应该只是女性怀孕了，而不是她们表现出的“病态”，她们不能太过娇气。有时人们对女性的产后康复进程抱有很高的期待，如果身体康复或减肥进展得不够迅速，也会引起外界的误解。

有些女性虽然经常会因为自己怀孕后的身体而感到自豪，但她们又希望能尽快摆脱掉产后臃肿的身体、松弛的肌肤和其他孕期用品，可以穿上宽松的慢跑裤和“妈妈版紧身衣”。如果在分娩后没能很快就再次穿上自己平时最中意的那款裤子，她们会觉得有些失落和沮丧。因此，一些女性试图将自己的身体隐藏在公众视线之外，避免受到议论和谴责。

人们从跨学科的视角对面向产后女性身体的社会观点及其对年轻母亲的影响进行了研究，目的是揭示女性在怀孕后外在身体形象会让她感到不安。例如，在一个研究项目中，澳大利亚社会科学家梅雷迪思·纳什（Meredith Nash）使用自拍照分析了女性对产后身体的看法。大多数参与者表示，她们不满意自己的外形，感觉不像自己。她用对产后女性的高期望值来解释这种感觉。在西方文化中，母亲们应该迅速恢复到怀孕前的体重和体形。名人、网红妈妈和“朋友圈”妈妈们的照片助长了这一趋势，她们似乎都能在很短的时间内恢复体形。在恢复到孕前体形的过程中，新妈妈们被要求积极作为：她们需要主动恢复身材，并通过购买紧身胸衣和塑身衣，定制节食计划和食用减肥食品来支持自己的这一努力。显而易见，这给妈妈们带来很大的压力。还有所谓的“妈妈焕颜整容术”，包括乳房手术、吸脂、阴唇矫正等阴道干预措施，可见她们的压力之大。

梅雷迪思·纳什描述说，对自己身体最大程度上的不满情绪一般会出现在分娩后六到九个月，这与其他方面的各种变化有关，例如夫妻关系面临的挑战。研究项目中拍摄的产后身体照片与媒体分享的照片形成鲜明对比，它们展示出松垮多余的肌肤、下垂的组织、皱纹、疤痕及条纹。这些都是真实的图像，与 2006 年以来“母亲的体形”（SOAM）项目所展示的内容相符：这个由美国博主邦妮·克劳德（Bonnie Crowder）创立的博客，设定的目标就是绘制怀孕和分娩后女性身体的真实图像，因为她意识到怀孕后的女性身体似乎是最严密防护的秘密之一。

我比想象中更能接受自己的身体，尤其是乳房没有以前那么挺拔，当然也觉得遗憾，从前的它们更完美。但现在年纪大了，加上分娩并养育了一个孩子，这对身体来说是一个了不起的壮举。此时的感恩和自豪胜过虚荣心，我由衷地感到高兴。另一个我没想到的方面是：在怀孕、分娩和住院期间，你会失去所有的禁忌，被这么多人检查过、看过，在经历这一切前这

简直难以想象。（尼娜，有 1 个孩子，2 岁）

在生第一个孩子时，我已经不是一个特别年轻的妈妈了，我的身体已经经历了一些变化。还记得第一个孩子出生后被清洗干净时，我说："现在我又可以恢复苗条身材了。"时至今日，我想起那个情景依旧会笑出声。那时，助产士提醒我说："嗯，你的子宫变大了……"她对我身体的评估与我自己的感觉是完全不同的。幸好我总是能够适应身体的变化，并感谢身体作出的贡献。（玛丽亚，有 3 个孩子，分别为 12 岁、8 岁和 3 岁）

自我保健还是关心婴儿

亚历珊德拉·萨克斯强调，在怀孕期间和孩子出生后的这段时间内，母亲的自我保健非常重要。在做母亲的过程中，积极的身体感觉对身心有着巨大的影响。随着母子关系的加强，积极的自我形象不仅对母亲自身，对婴儿的健康也大有裨益。然而，自我保健和关心婴儿之间的矛盾在怀孕期间就已经浮出水面。与宝宝分享自己的身体可能会让准妈妈们觉得很美好，但同时这又像是一种入侵，因为有另一个生命住在自己的身体里。因此，如何注意并保护自己的身体是一个巨大的挑战。

在谈到成为母亲的历程时，亚历珊德拉·萨克斯强调，身体层面的变化是这个过程中起到重要作用的一大支柱。具体而言，她强调确保充足的睡眠可以摆脱疲惫的状态，只有这样女性才能感觉自己就像是原来的自己一样。她谈到了人的最低层次的需求，这些需求必须先得到满足，然后才能满足进一步的需求。她还探讨了个人卫生习惯的重要性，并建议尽可能地养成（看似简单的）早晨淋浴和更衣的习惯。与此同时，她指出，高度重视自我保健很难与照顾婴儿的新任务相协调，特别是在人手有限的小家庭中，由此可能会产生压力和不适。当门槛设得过高，以及女性对自己的期望过高时，这种情况还会被进一步加剧。

对身体层面的变化，女性的看法截然不同，可能是积极的，也可能是消极的。早在怀孕期间，女性就可能对此想要拒之千里，或是欣然接受。而母亲们可以做的，是培养自己敏锐地感知身体信号的能力，并思考一个问题，即自己的身体现在需要的是什么。因此，身体变化间（包括外形变化）的相关性取决于感知它们的角度。由于婴儿的健康是至高无上的，那么人们是否会接受并欣赏身体上的变化？或者换一个角度看，当过去最喜欢的牛仔裤穿起来变得很紧时，是否象征着过去的自己一去不复返？在此，亚历珊德拉·萨克斯也主张赋予身体一种象征意义：对新身体的不满是因为还渴望着与旧身份保持联系吗？在这一点上，这位精神科医生建议将旧的日常生活和习惯转移到有了孩子后的新生活中，从而部分地唤醒对旧身份的认同。

在我们的理解中，原本这些打算，包括获得充足的睡眠、自我保健、重新回归以前的生活习惯等，在成为母亲的历程中，很难在新的混乱生活中真正得到实施。这正体现了成为母亲阶段的特点：变化之大令人难以置信，以至女性有时会感到失落。在一定时期内，这也是常态的一部分。成为母亲的概念是为了更好地引导女性理解并接受这个迷乱的阶段。仅仅谈论获得足够的睡眠或保持以前的习惯，反而会加剧做母亲阶段超负荷的风险。人们提出额外的期望，会使日常生活中原本正常的小事，在当妈妈这一激烈变化的阶段，突然变得异常困难。

不仅是日常生活中的一些小事在孕产期间可能带来挑战，成为母亲通常意味着从宝宝出生的第一天起就要负责照顾和喂养宝宝。只是确保宝宝获得足够的营养（这只是照顾宝宝的一个方面），就可能让人不知所措。仅仅在母乳和母乳替代品之间做出选择，就会让初为人母的女性感觉很纠结：一方面，主流观点认为，母乳对婴儿来说是更好的选择；另一方面，母乳喂养往往伴随着巨大的挑战。例如，在 2008 年英国一项围绕母亲身份与婴儿营养之间的关联展开的研究中，女性科学家揭示了“母乳是最好的”说法背后的“好母亲”思想。它不仅仅是指婴儿的喂养，如果提倡母乳喂养的言论在社会环境中占主导地位，那么婴儿喂养问题就会对母亲的身份认同产生影响。某些母亲一方面对自己要求很高，另一方面不能或不想母乳喂养，这种言论可能会导致她们产生挫败的、内疚的和不安的情绪。

对我来说，母乳喂养是一个大话题。我最初的想法非常理想主义：我想拥有良好的母乳喂养关系，并且通过阅读做了充分的准备。但第一次乳头剧痛让我清醒了。我的心情是复杂的，一方面，母乳喂养就像一种超能力；另一方面，超人也并不总是想扮演超人的角色并拯救生命，他们有时也想越过底线，晚上去看场电影。一边是对孩子的依恋，一边是喂养的责任，这是很可怕的，而可怕是从全天候（每周 7 天，每天 24 小时）的意义上来说的。（梅兰妮，有 1 个孩子，1 岁）

我还是我，但我突然不得不满足完全不同的需求，同时还要应对自己身体的快速变化。因为怀孕，身体变得与以前完全不同，现在还要喂养孩子，再加上康复和重新塑身。一方面现在有这么个小人儿需要我才能活下去，另一方面自己的身体实际上也需要被注意和关心。我很想照顾好自己，但实际上既没有时间也没有空间。（格蕾丝，有 2 个孩子，分别为 4 岁和 2 岁）

身体核心区的变化

除了孕期和产后身体的可见变化外，还会发生许多从外部看不到的身体核心区的变化，例如，器官被挤压并移位。随着腹部的增大，腹直肌会进一步扩张，身体的所有部位几乎都会变得软绵绵的。身体需要时间进行内部愈合，而且这是一个非常综合的愈合过程。麻省理工学院科学记者安娜·诺沃格罗茨基（Anna Nowogrodzki）发表在《纽约时报》的一篇文章中描述了怀孕和分娩期间身体内部的变化。她特别强调盆底健康，这需要在怀孕和分娩时获得更多关注。无论是自然分娩还是剖宫产，许多女性没有意识到这条肌肉链承受的巨大压力，以致产后出现的盆底问题往往会令人大吃一惊，这是先前没有预想到的。如果出现不适，许多女性在分娩后还会通过负重来训练盆底肌，从而导致肌肉链过度紧张，进而妨碍愈合，尤其是女性并不知道这甚至会导致器官脱垂。其他问题可能是性生活中的尿失禁或疼痛。在她们看来，妇科医生经常在分娩后的第一次体检后让身体解禁，允许进行运动和性生活，但这仅限于有限范围内的必要的康复措施。如果女性在分娩后不久尚未准备好与伴侣发生亲密关系，这种解禁反而会产生额外的压力。

医生兼医学记者玛缇娜·兰岑·舒尔特博士（Dr. Martina Lenzen Schulte）在《德国医学杂志》上呼吁更多地提供与分娩有关的盆底损伤的信息。根据她的报告，分娩后接受泌尿妇科治疗的母亲们，在大多数情况下都非常惊讶，无法想象器官脱垂、尿失禁这类事情会发生。瑞典、澳大利亚和新西兰的一些研究表明，与剖宫产相比，自然分娩尤其会增加盆底损伤的风险。2018 年的一项研究评估了来自 483 名妊娠顺利的、无并发症的初产妇女的数据。得出的结论是，只有 40% 的女性经历了无并发症的、“正常的”自然分娩，并且盆底没有损伤。玛缇娜·兰岑·舒尔特博士认为，有必要对这类孕妇进行与剖宫产同等的关于自然分娩的风险教育。另外，只有当这些女性在产后不再得到助产士的护理时，盆底损伤的问题才会显现，这也导致了盆底问题往往得不到及时的、充分的治疗。预防性方法是用产前风险评估清单来评估女性的个人因素，在此基础上，女性可以根据掌握的信息来决定分娩方式。

孕期及产后背痛也是一个不可低估的现象，就像盆底肌无力一样，与新妈妈身体的核心区不够稳定有关。背痛通常在怀孕期间开始出现，并在产后变得严重。对一个无论是处于怀孕期间还是处于康复过程中的身体来说，怀抱婴儿及哺乳都是艰巨的体力活。一方面，身体的核心区仍然非常不稳定，必须重新找到身体的重心。另一方面，身体因孕激素和松弛素而变得松弛，这也增加了不稳定性。另外，过度的体力消耗也会导致疼痛。婴儿产品越来越丰富，如车载婴儿提篮，旨在最大程度上确保婴儿的安全，但由于其分量过重，会给父母的背部带来额外的压力，对女性仍然虚弱的身体更是如此。

女性理疗师一致认为，需要在内部稳定方面为女性提供更多帮助和支持。这是因为女性常常对这方面出现的不适感到惊讶，其中一个原因是人们通常很少公开谈论相关的话题，并且由于羞耻感，只能在有限的范围内进行讨论。哥伦比亚大学医学院盆底康复计划的创始人罗妮·苏克尼克（Ronit Sukenick）也要求每一位女性在分娩后都去看专科医生，尤其当出现背痛、内部不稳定或失禁时，即便症状并不严重，医生也必须给予建议或治疗。

自然分娩八个月后，我的骨盆底仍然存在问题，这让我的身心都受到了困扰。我无法想象如果我的身体不能正常康复，那该怎么办。我之前没想到会这样，也没有为此做任何准备。除非你亲身体验，否则根本无法想象它是什么样的。（珍妮，有2个孩子，分别为4岁和8个月大）

荷尔蒙的变化

除了明显的身体变化外，如妊娠纹、乳房肿胀和不断隆起的腹部，还有一些变化发生在幕后，因此旁人是看不到的。在怀孕期间和产后，荷尔蒙发生了惊人的变化，而怀孕前的经历可能已经引发了这种变化。例如，当怀里抱着新生儿时，新生儿身上的气味会影响到抱着他的人。这会释放信息素，从而引发女性想要孩子的欲望。随后，这会化为一种想要拥有自己的孩子的强烈渴望。然而，真正的荷尔蒙变化只从受精开始。随着怀孕的进展，孕酮水平呈爆炸性增加，这对准妈妈有镇静作用。通常情况下，孕晚期的准妈妈不会那么容易心烦意乱，这对尚未出生的婴儿来说是一种保护。但这种效应与胎儿和胎盘产生的应激激素发生竞争，后者使女性更加关注自己和未出生婴儿的健康和安全。这会促使孕妇特别警惕观察周围环境是否存在外部危险，这些新的推动因素会对女性产生刺激，特别是当不同的荷尔蒙占据明显主导时。同时感到疲倦和警惕是种什么样的感觉？荷尔蒙混合导致不熟悉的想法和感受浮现脑海，一个人的行为方式会以一种全新的形式展现。观察自己的这些变化，可能连自己都会觉得很惊讶，并质疑自己的身份。由于这些变化并不直观，我们认为需要一部分正念与知识相结合，才能了解正在发生的事情，理解自身的行为，从而理解自己，这样可以避免这个脆弱阶段所产生的不安全感。此外，每个女性对这些变化的感知是不同的，个性特征及自由、独立和冒险意愿都会对此产生影响。

在分娩时，尤其是在分娩后，各种荷尔蒙也可能会引发女性特定的“母性关怀”。然而，激素的确切成分尚不清楚。雌激素、黄体酮、多巴胺和催产素都可能引发这种特征。例如，科学家将啜泣归因于催产素引发的“母性特征”。这种激素增加了无子女的女性对婴儿信号的反应，如哭泣和大笑。类似地，催产素水平与母亲凝视婴儿的频率之间的相关性也可以得到证明。加利福尼亚州的研究甚至表明，怀孕中期雌孕激素比值可以表明孕产妇的护理水平。

催产素也被视为代表爱情和两性结合的荷尔蒙，被认为具有最强大的作用。尤其是在阴道分娩过程中，由于阴道受到刺激，催产素会大量释放，促进乳汁分泌并引发宫缩。但是，激素本身并不能解释母性情感的出现，因为剖宫产的女性在照顾孩子方面丝毫不逊于阴道分娩的女性，似乎主要是因为女性在成为母亲的过程中神经元发生了变化。

我在书中读到，婴儿每天大约睡16小时，但我们几乎从未遇到过这种情况。夜晚比我想象的还要累，有时把我逼到了极限。但与此同时，我很惊讶自己居然能坚持下来。我认为是荷尔蒙的变化帮助了我，现在我知道“激素调节”这句话的意思了。（图巴，有1个孩子，6个月大）

因为动脉导管未闭（PDA），一开始时，我无法入睡，无法躺下，也无法哺乳，什么都做不了。当我终于从医院回家时，我的剖宫产疤痕感染了，而且持续了好几个星期。分娩并不容易，我必须照顾好自己的身体。然而，在情感上，我感觉还挺好的：荷尔蒙发挥了应有的作用。除了体力消耗之外，和我的宝贝躺在一起真是太美好了。这让我能够接受其他所有的不愉快。（卡莎，有1个孩子，1岁9个月大）

“妈咪脑”的重组

心理分析师唐纳德·温尼科特（Donald Wincott）说过，做母亲需要女性能够调整自己的情绪，并充分关注宝宝。但当注意力完全专注于宝宝时，也意味着对周围的事物只能模糊地感知。在现实生活中，一些零零散散的事情，比如邻居的名字或电影名称，可能会从你的脑海中溜走。母亲对孩子的关注通常被称为“妈咪脑”。在德语中，人们主要使用的术语是“孕期痴呆”或“哺乳期痴呆”，因为大众眼中这一阶段最明显的现象是健忘，主要原因是，与新生儿共同睡眠，导致持续的睡眠不足、围产期荷尔蒙紊乱和对婴儿的过度关爱。大约 80% 的孕妇和新生儿母亲都受到这种所谓的“宕机”的影响。神经科学家和心理治疗师乔迪・帕卢斯基博士（Dr. Jodi Pawluski）解释说，在这种经常被嘲笑的现象背后，可能是女性在成为母亲的过程中经历的巨大的身体变化——大脑重组。乔迪・帕卢斯基博士是播客《重访“妈咪脑”》的主持人，在该播客中，她与专家探讨了母亲身份和家长身份给大脑带来的变化。大脑中的重组称为神经可塑性，描述了突触、神经细胞和大脑区域的解剖结构和功能的变化，旨在优化大脑，以完成新任务，从而创建一种家长的关怀和照顾网络。这种现象描述了大脑这一器官的变化，与许多其他器官一样，大脑在怀孕期、分娩期以及产后也会发生变化。

2016 年的一项研究将母亲和非母亲的脑部磁共振检查加以比较，结果发现了惊人的变化。令人印象深刻的是，计算机算法只是通过扫描就可以判断目标是否是母亲的大脑。大脑最显著的变化是灰质可减少 7%，这在分娩两年后依然在扫描图上清晰可见。基于这些知识，许多专家估计，成为母亲的转变时间为两年。其间，大脑的变化比女性一生中的任何时候都要快得多，剧烈得多。这让人联想到青春期大脑的变化，而这次情况更严峻。

灰质的减少不仅解释了一些母亲记忆力的减弱，还强化了温尼科特提出的有关专注力的观点。耶鲁大学儿童研究中心教授琳达·梅耶斯（Linda Mayes）特意未将大脑的变化描述为一种脑萎缩，而是将大脑的重组理解为“注意力经济”的问题。大脑优化了负责同理心和社交行为的区域，而其他区域则被暂时抑制，这表明母亲的大脑专门从事她在当前情况下照顾婴儿所需的活动。所以大脑不会像“孕期痴呆”或“哺乳期痴呆”等术语所暗示的那样会丧失能力。相反，它可以确保女性更加有效地履行自己作为母亲的职责。例如，通过加强她的共情能力，母亲能够更好地理解婴儿的非语言交流，例如哭泣和面部表情。

母亲大脑的重组是一个令人印象深刻的过程，同时它也会让母亲忐忑不安。健忘会让女性感到沮丧，并怀疑自己的能力。与此同时，对婴儿需求的高度敏感，也会引发这样的怀疑。一方面，母亲获得了一种新的超能力；另一方面，当婴儿哭泣时，母亲的心脏仿佛跳到了嗓子眼，而周围的其他人却仍反应轻松，这会让母亲非常恼火。对宝宝的关注有助于父母更好地照顾他们。然而，在年轻母亲的生活中，它也可能导致冲突，由于父母有时不得不关注自己而忽略了宝宝，由此会引发内疚感。

我们认为，在这个充满挑战的阶段，了解这一深刻变化过程的背景，有助于作为父母的我们更好地理解在这一背景下具体发生的事情，改变我们的整体感受和情感生活，以及有助于我们理解为什么在某些情况下我们的感受、思考和行为会有所不同。

然而，母亲大脑的变化所带来的影响尚未得到科学的全面记录。到目前为止，还无法确定大脑中受这些变化影响的特定区域。可以肯定的是，社会对“妈咪脑”的普遍理解是不够充分的。因此，乔迪·帕卢斯基博士致力于重新定义这个术语。如果继续使用“孕期痴呆”和“哺乳期痴呆”这样在社会语境中具有负面含义的术语，会让人们把注意力集中于健忘之类的现象，从而忽视了其背后隐藏着一个复杂的变化过程，让母亲的大脑得以优化，以适应新的任务。

除了对宝宝的正面情绪和爱之外，我在孩子出生后有种不安全感，这往往会引发某种紧张，感到我的直觉总是与我的头脑相冲突，我的头脑中一直浮现着一些摇摆不定的想法：婴儿哭是因为我做错了什么，还是属于正常现象？我是否已经考虑到所有的干扰性因素？这本书里这么说，另一本书里那么说，而伴侣或祖父母又有其他说法，我该怎么办？（安妮，有 2 个孩子，分别为 4 岁 9 个月大和 7 个月大）

微嵌合体现象

如果说在成为母亲的历程中，有关大脑重组的科学发现还不够神奇，那么相较而言有关女性身体的科学发现则可以说是遥遥领先。研究表明，怀孕期间母亲和宝宝之间能够产生一种非常特殊的联系，即一种交融。微嵌合体现象正是描述了怀孕期间母亲和宝宝之间的细胞交换。因此，即使在分娩甚至流产多年后，仍可在母亲体内检测到宝宝的细胞。有关心脏病的研究尤其关注胎儿微嵌合体，因为有研究结果表明，在女性患心脏病时，胎儿的细胞能促进母亲的愈合过程。此外，母亲的大脑中也发现了微嵌合体的迹象，这表明胎儿细胞也会对母亲大脑的变化产生影响。

微嵌合体现象展现了怀孕和分娩后身体层面发生的变化是多么深刻和持久，甚至在宝宝出生多年后母亲身体里仍携带着宝宝的细胞。因此这个例子同样表明，社会公认的怀孕恢复期看起来远远短于实际情况。身体恢复到原来的状态，需要的不仅仅是九个月的怀孕期和九个月的回归期，而且产后八周的康复课程和八个教学单元也是远远不够的。身体层面的变化过程更全面，需要更长的时间，因此需要在某些方面给予更多的关注。

第一个产后护理期，是我一生中经历的最糟糕同时也是最美好的时光。之前没有任何人，也没有任何事，能帮我为此做好准备。对我来说，尽管女儿已经不在我体内了，但我觉得她和我之间的共生关系更加牢固了，她仍然是我的一部分，同时我也看到了，没有我她是多么的无助。（维拉，有1个孩子，4个月大）

听听专家的说法

耶娜·弗里德里希：

我们生活在一个控制欲很强的社会中，为每件事制订待办事项清单和计划，旨在事先详细了解一切细节。然而，身体层面的各种变化让我们感到失控。有些女性觉得身体的变化很美好，但对很多女性来说这却是个大问题。此外，有些关于身体的话题属于禁忌。怀孕期间可能会担心身体的完整性，这并非完全没有依据。怀孕后，问题仍然存在，许多女性忧心身体需要多久才能痊愈，以及身体是否会恢复到原来的样子。据我在社交媒体上的观察，社会变化正在以这样一种方式发生：许多女性都愿意展示并重视自己的身体变化。十年前，当我开始写博客时，妊娠纹还是很隐晦的，今天称它们为“虎纹”，至少在某种程度上承认了身体所作出的巨大贡献。

汤娅·海因里希：

大多数身体层面的问题都属于助产士的职权范围，所以作为一名产科护士，我很少会接触到这些问题。一个会占用大量篇幅的主题是母乳喂养。我陪伴的大多数女性都想母乳喂养，不幸的是，特别是对初为人母的女性来说，不安全感很早就出现了。根据我的经验，来自不同人的不同观点、快速的批评、善意的建议和外部设定的目标都会导致这种情况的发生。这是一个很棒的学习过程：告别社会习得的绩效标准，并培养一种信心，相信可以用自己的母乳充分喂养婴儿。

在心理层面成为母亲

我现在是谁？我曾经是谁？我想成为谁？这些问题在成为母亲的过程中一直伴随着我们。在成为母亲的历程中，妈妈们在心理层面的体验，可能会特别有趣，也可能会特别糟糕。新的情绪来来往往，也有些会长留心中。巨大的恐惧和无形的担忧阵阵袭来，并持续了相当长的一段时间。其间，我们发现了自己崭新的一面，回首过往，感觉自己的性格也随之成长了。

回归自主决定

（本部分内容由思文佳·克莱默尔撰写）

在医院的头一个晚上，我浑身发冷。我当时非常认真地思考过如何才能做到彻夜不眠来照顾好我的宝宝们。有好几件事令我感觉到害怕。最重要的是我把这些想法当真了，这或许已经表明我当时的感觉多么荒谬。同样出人意料的是，在某种意义上，我内心一直坚信，为了我的两个宝贝，我可以做到，因为在病房的第一个晚上，我的注意力完全在她俩身上，似乎其他的一切都神奇地转移到了另一个“天体”上。所以那个夜晚，我实际上只睡了大约 15 分钟。

我内心的恐惧

后来，在与其他新妈妈的交谈中，我告诉她们我在分娩时产生了一种忧虑，实际上这种担忧在更早一些时候就已经出现了，因为之前流产的经历及怀双胞胎的风险已经为这种担忧和恐惧培植了土壤。几个月来，就像被念咒语一样，我被反复告知，我们必须监测什么，存在哪些风险，以及可能产生的这个或那个后果……随着两个孩子的降临，在与医生、助产士和其他双胞胎孕妇们的交谈中，她们都发出了这样的警告，我们又进一步共同培植了这块土壤……

例如，关于如何避免婴儿猝死的行为方式，已经有人数十次地告知我，因此也在我的脑海中变得根深蒂固了。我认为这个话题很重要。当然，这方面的信息需要前后保持一致，包括分娩准备课程、医院分娩前的面谈、在产科病房，以及在家时由助产士多次向我们提供的信息。宝宝出生后的一段时间里，荷尔蒙像过山车一样无序运行，所有的新事物都被重新排列组合，这些信息就显得尤为重要。那段时间，我无法完全如实地吸收这些信息，在我的情感中心，最重要的是“突然”“孩子”“死亡”这三个词。所有父母都必须找到自己应对这些警示的方法。一方面，会有人建议，宝宝应该睡在自己的床上，与此同时，人们也逐渐知道，同睡一张床对早期亲密关系的重要性。我不会忘记那位护士，是她让我把乳房稍微推开一点，以免压住宝宝的鼻子。对我来说，这些建议非常关键，我现在必须注意每一个细节，并始终检查自己的行为。内心的恐惧让我仔细考虑与婴儿有关的所有决定和行动。宝宝出生后的几个月里，我特别敏感，我的雷达接收着所有警告、可能的风险，以及实际上并不重要的话题。我做了一切能做的或不能做的，来避免潜在的风险：比如，为避免婴儿猝死，他们建议宝宝的睡眠室温是 16 至 18 摄氏度。一开始，她们躺的侧床没有装上护栏或可爱的镶嵌物。由于她们的体重太轻，医院采用的少量奶粉的喂养方式，也被我迅速替换成了母乳喂养。

几周来，各种担忧在我的脑海中反复闪现：她们太热了；她们太冷了；她们的脸色白得很奇怪；她们喝奶没喝够；她们吐得太厉害了；她们睡得太少了；她们醒得太频繁了；她们屁股疼；她们体重增加得够快吗？她们发育得一样快吗？来访者是不是太多了？来访者的香水含有有毒成分吗？洗澡水是太热了还是太冷了？或许这个清单可以列得很长，但我总是很健忘。

恐惧在我从前的生活中很少出现，因为过去我与恐惧的关系是以对立的形式存在的，当然这并不健康。我几乎是轻蔑地看待恐惧，并且已经把它勾选为一种我不想让它在自己身上或生活中出现的状况。当恐惧来临时，意外就会发生，处境会变得危险，逻辑思维会受影响，行为将受阻碍，人会变得更粗心，行动速度过快并产生方向性错误。过去的我就是如此看待恐惧，并尽可能与之保持距离。在加尔达湖的山地自行车下坡道上，车道让我觉得很紧张，因此我集中了所有的注意力。但当我的脑海被强烈的恐惧占据时，我摔倒了。原因是刹车太猛，尽管我立马就反应过来，自己不应该这样做。我的身体越过了车把，落在了地上。而这一切的原因，都是我内心的恐惧，至少这是我对此的总结。从那以后，我尽量让自己远离恐惧，当我担心恐惧的行为或感觉可能离自己太近时，我会避开，不允许自己深陷其中。而现在恐惧和担忧如此强烈地出现于我的生活中，让我觉得进退两难。

但我仍然非常享受这段独特的时光。在一个安全的环境中，我和两个健康的宝宝在我们的小家庭里感到温暖和舒适。为了至少在目前不再担惊受怕，我创造了一些让我感到安全的基础条件。每次计划远足，我都会考虑让我的双胞胎宝宝也能够轻松参与。我会定期检查婴儿背带，我和我丈夫都会用到它。我一直很感激丈夫对我的陪伴和支持。如果他总是反驳我，或者站在他的立场与我争论应该要担心什么，就会加剧我在这一阶段的不安，甚至会让我陷入焦虑。

作为一个会用自己的生命保护两个孩子的新妈妈，我需要学习应对内心的恐惧。以前我无法想象我会对她俩产生何种程度的深切的爱。事实上，在生孩子之前，我并没有感受到生命中有如此深厚的爱及生命会如此重要。我对这段经历无限感激，感恩我的生命中有她们。

不安全感

在我初为人母的这个阶段，另一种感觉一直伴随着我：不安全感。记得在分娩准备课程上，我们聆听了不同类型的婴儿哭声，从录音带上听起来这些哭声确实是有区别的。这个太简单了！所以从哭声上我就能知道孩子什么时候饿了，或者尿布是不是湿了。我觉得自己已经做好了充分的准备，没必要为此做更多的准备了。我在怀孕期间和产后几乎不看书。还记得我和一个朋友说过，不会那么难的。我买了一本书，但到目前为止还没翻看过。这听起来有点过于乐观了，还是太天真了？哈，然后我们生了两个宝宝。从那时起，每天都被证明，事情真的会很难。

孩子需要什么？我该怎么做？这个动作意味着什么？各种叫声是什么意思？我该如何应对一天中会遇到的所有挑战？简而言

之，在宝宝出生后的第一年，不安全感一直伴随着我。从青春期开始，我就比之前更没有安全感了。

不安全感在每一次偏离常态时都会表现出来。因此，每当一个新阶段到来并且面临新的问题时，我就会变得忐忑不安。孩子们为什么醒得这么早？为什么她们要如此频繁地被喂奶？为什么尿布里什么都没有？这种不安全感的最大问题来自周围环境的期望、评论和疑问，它们是不良情绪滋生的温床。

她们睡得熟吗？她们拿住奶瓶了吗？让我一个人带她俩去散步吧。我们要在卡迪威商场里的咖啡店见面（我带三个月大的双胞胎去咖啡店做什么）？花点时间和你的伴侣待在一起，这太重要了（这个提示出现在宝宝出生后的前 8 周）！宝宝们睁开眼睛时看到的不应该总是妈妈，这样对她们更好。啊，她们又把奶嘴放进嘴里了。哦，她们已经睡了？她们还在喝奶还是只是在吮吸？她们不会饿的。现在她们需要耐心地等一会儿。当心啊，她们以后总是想喝母乳了。注意了，她们再也不会睡在自己的小床上了。小心啊，如果你们不早点把她们托付给别人照看，她们永远想待在爸爸妈妈身边……

所有这些问题和评论都让我感到非常不安和震惊，也总是给我留下一些疑虑。一个念头不断涌现：我这个妈妈做得还不够好。虽然这些评论和问题都是善意的，或者只是在生活的某一个阶段提出来的，但由于我脆弱的心理状态和巨大的不安全感，我的内心会出现摇摆不定。因此，我对所有提出的问题都进行了深入的研究，了解和理解正在发生的事情是找回安全感的最佳方法。我能够解读大部分人提出的期望或问题。我经常不得不在走了弯路之后重新找回正确的路，并思考我们要如何陪伴孩子走进生活：我们不想让她们习惯在哭闹中坐车；我们通过喂奶、怀抱等方式陪她们入睡；她们睡在我们的卧室里，直到今天都一直和我们一起睡；她们饿的时候能够立即吃到母乳。从第 6 周到第 8 周，她们整晚都睡在我身上！这可能是难以想象的，但两个宝宝确实都睡在了我身上。她们在猛长期需要的正是这种亲近感。我们尝试了很多其他方式，但只有在我的身上，她们才能睡得安稳。很快，我意识到我真的很愿意给宝宝们这种亲密感，因为她们是双胞胎，这一点尤为重要。我丈夫用结实的沙发垫给我做了一套“装备”，晚上把宝宝们放在我的身上。夜里，我在这个“睡眠装备”上一动不动地躺几个小时，所幸三周后这个阶段结束了，我也很高兴。这是我对宝宝出生后第一年最荒唐的记忆之一。当时我们没有把这些经历告诉任何人，为的是避免他们的评论和警告。

沮丧

在宝宝出生后的第一年，除了不安全感之外，还有另一种感觉：沮丧，就是那种无法通过自己的力量摆脱外部决定的感受。外部决定——当在生活中拥有一个或多个宝宝时，这是一个多么贴切的术语啊。我希望在最初的惊喜之后，能逐渐适应一切。我对自己的期望是：不要觉得惊讶，赶快搞定！我之前一直以为生孩子就像生活中经历过的其他学习过程一样，一个新的要求被提了出来，然后获取新知识并找到解决方法。根据以前的学习经验，我希望自己能够又快又好地完成这一切。但事实是，每件事花费的时间都比我想象的要多得多，比我那些只有一个孩子的女性朋友们所花费的时间要长得多。

那实际情况是怎样的呢？每天出现的新情况，以及各式各样的新任务和那些不可预测的瞬间，都让我感到惊奇。即使我很快就有了一个想法或得到了一个提示，但通常都会遇到一个问题，那就是如何搞定双胞胎。用“飞机抱”来安抚一个哭闹中的宝宝？哦，好吧，但另一个宝宝不想独自躺在围栏里，我该怎么办？夜里躺着喂奶，然后很快就和宝宝一起睡着？嗯，那有两个宝宝怎么办？宝宝睡觉的时候妈妈也睡吗？是的，但如果另一个宝宝不睡觉怎么办？如果宝宝不想躺在婴儿车里睡觉呢？嘿，我有两个宝宝，怎么办？当我们乘坐公交车或火车出去旅行时，她俩因为引起太多关注而想要更亲近父母时怎么办？是啊，她俩的脑袋都还抬不起来，尤其当我自己也处于不安全的环境中时，我该如何把她俩都抱在怀里？我可以把这个清单列得很长，而回答这些小问题并找到解决方案，让我在产后第一年做母亲的过程中，感觉疲惫不堪，陷入到极度沮丧的状态。

在孩子出生之前，自主决定权是我为人处世的主要驱动力。这是我性格的一部分，根据我父母的说法，这样的性格伴随我来到这个世界，是贯穿我所有人生选择的价值观。但从现在起，我有了两个宝宝，她们的需求对我来说比我自己的更重要。因此我很清楚，我鲜明的自主决定权当然也会改变。但是，依赖别人的帮助对我来说很难，并不是说我不想接受帮助。恰恰相反！依赖别人帮助这件事情让我很受挫。在最初的几个月里，每天和她俩一起出去呼吸新鲜空气（最好是一天两次），也成了一个挑战。冬天，我必须让她俩穿得很暖和，之后从三楼把她们抱下来，然后把宝宝们留在门边的婴儿车睡篮里，以便把婴儿车的车架从地下室搬上来，再把组合好的婴儿车从一扇特别窄的门里推出来。如果两个宝宝都在哭，我会生气并感到很难过，觉得是我没能照顾好她们。让我愤怒的是，为了能够逐步将她俩抱到更衣台上，我不得不把一个宝宝留在另一个房间。在推婴儿车的路上，我把她们一个接一个地哄睡。走运的话，我能够让婴儿车里的妹妹开心一路。有时我会想，哪个新妈妈能够坚持得住：两个孩子，你无法按照需求和出现的新情况公平地对待她们。因为无法满足，所以留下了很深的伤痛。

为了让我和两个孩子在生活中重新获得自主决定权，一段疲惫的旅程开始了。我和宝宝们一起花了一年半的时间才重拾自信。以前，当我不能对每件事都充满自信时，我会沮丧。但最终，我不再需要别人帮助，可以重新独立完成所有的日常事务：看医生、坐高速列车长途旅行、在柏林郊游、开车、购物、做饭……是的，有段时间我无法给自己做吃的，这听上去是一件不起眼的小事，但却是事实。现在我又能掌控一切了，这是一种重要的、美好的感觉。

在头几个月的一些日子里，我下午一点就开始看钟，数着时间，直到我丈夫回家。有时我会在下午两点打紧急电话让他回来。我本不想让此类情况发生，但还是发生了。在最初的几个月里，我们的房子到了晚上看起来就像是被翻转了，乱作一团。我已经为宝宝们做了力所能及的一切，其余的只能在碎片时间来做了，比如将衣物放入烘干机。在照顾宝宝之余还想做点其他事情，那是根本不可能的！与此同时，一切都再次平缓下来，我觉得我又回到了“我的常态”，生活终于又在我的掌控之中了。在这种常态下，我有时仍会神经紧张到极点。在有些日子里，两个宝宝闹得很厉害，当然其中也有轻松的、流畅的、毫不费力的时光。这才是我们的家庭生活的常态，我喜欢这样的状态。

再见了，“轻松的酷妈”

再见了，“酷妈”！不知何时，我和自己设定的期待说再见了。我曾经期望自己成为一个“轻松的妈妈”：那种没太大变化的妈妈；即使带宝宝的任务充满挑战，也能保持完全放松的妈妈；那种不会夸大问题或过于谨小慎微的妈妈。

与这种幻想的告别是逐步发生的。起初我对自己的状态还有些抵触，后来渐渐接受了被其他事情左右的忙碌状态。现在我对自己有一种仁慈的接纳：已经能够应对这么多的诉求和变化，为什么还要给自己施压，总是要让自己表现得很酷呢？完全没必要强迫自己在任何事情上都表现得冷静和放松。至少我可以和这个想法说再见了！困难的是，我内心不同的身份在争论，“旧的自己”和“新的自己”就未来的发展方向进行了谈判。我自问：如果不能成为一个轻松的妈妈，那我就必然是一个紧张的妈妈吗？是谁设置了这些标签？为什么它们对我有如此大的影响？

与此同时，我真的不在乎这些设定。我明白了做妈妈对我而言的真正意义。我的优先事项也完全改变了，不再是关于我应该成为哪种类型的妈妈，而且我毫不关心谁会对此有意见。我关心的是我两个可爱的女儿的幸福和我们家庭生活的和谐。为此，有些时候我会扮演一个很酷的妈妈，而另一些时候，我不会介意展示出自己的另一些面貌，因为它们已经成为我的一部分。

我的新朋友们

（本部分内容由汉娜·迈耶撰写）

有一次，我和小老虎还有他爸爸一起去“购物”，虽然这对我们三个人来说都不是什么特别有趣的事。当小老虎的兴致开始减弱时，我们也就会毫不留恋地离开。对此，商店的一个售货员评论道：“孩子被你宠坏了。”短短的一句话却内涵丰富！要是几个月前，一个陌生女人对我说出这句话，或许会困扰我很长时间。虽然我的想法和直觉会认为这完全没有必要，但这句话会困扰着我，让我思考下一次是否应该对小老虎更严格一些。现在我可以轻松地回她一句：“是啊，很棒，不是吗？”这种感觉真好。

喂，不安

在生孩子之前，我从未想过作为一个母亲会是什么样子，也从未想过一个孩子会如何改变母亲的生活。我脑子里没有任何自己带着孩子的具体图像，没有想象过如何分娩，也无法描绘一个小家庭的新生活。我的更多关注点是现在，而不是抽象的未来。我想象中的有了宝宝后的生活场景中，肯定包括一些相当安静的婴儿画面，尤其是当宝宝躺在婴儿车里的时候，妈妈可以坐在一旁（这是重点！）安然地喝着卡布奇诺。我还想过婴儿在安眠、在咿呀学语、在流口水或是被逗乐的场景，以及怀抱着的宝宝、玩婴儿健身架的宝宝、坐在妈妈膝盖上的宝宝，还有在换洗台上可能出现的亲密时刻。但这里描述的大多数场景都不会出现在宝宝刚出生的第一年。尽管我对怎么当妈妈没有任何具体的设想，因此似乎也没有偏见，但我经常陷入窘境，不得不意识到我真的没有想到会出现如此的场景：每当我坐下来时，孩子就开始哭，孩子想全天候被抱着；每次坐上车不到五分钟，孩子就会开始抗拒，而不是入睡；孩子会非常抗拒坐进婴儿车；当我想放下孩子起身的那一秒钟，孩子的眼睛就睁开了。这是出了什么问题吗？

这些糟心时刻不仅会让人感到惊讶，最重要的是会让人深感不安，而我关于当母亲的模糊想法和外界的建议进一步加强了这种不安感。几个月来，不只是我自己感到不安，社会调查、错误尝试和自我怀疑，这些让我走了不少弯路，所以小老虎和他爸爸也都承受着巨大的压力。

我的直觉向我发出了非常明确的信号：如果没有必要，就不要开车！宝宝想被抱着！小老虎在手臂上寻找你的亲密感，这绝对是自然的需求！然而，我一直听到一个安静的声音告诉我，只要再努力一点点，就大功告成了。因此，我没有跟着直觉行事，而是尝试了其他一切可能：一百万次试图放下熟睡中的小老虎，但都没有成功；给坐在汽车安全座椅上的小老虎喂奶；通过 APP 应用程序监测他的睡眠时间，以找到最佳的放下时段。一切都让我感到了压力，我本可以省去这一切。回想起来，一切行为都起源于我内心的不安。我不记得在怀孕之前，我什么时候被自己的不安全感左右。

当然，除了那些糟心时刻之外，美好的时光也不应该被遗忘，它们是我从未想到过的、充满欣喜的时刻：小老虎趴在我肚子上睡觉，或者将身体贴在距离我心脏很近的位置，抑或是我们这个新的组合可以轻松地战胜一些小小的挑战。只不过，那些不太愉快的时刻在一开始就占据了很多空间和注意力，它们让我恼火，让我心烦意乱。

喂，愤怒

伴随着成为母亲，我产生了一种异常强烈的感觉，那就是愤怒。这种情绪悄无声息地袭来，大约一年后，又同样悄无声息地逐渐告别了我的生活。就好像这些愤怒的情绪知道了我总是想要战胜它们，因此它们决定减少露面。当然，我读过《妈妈的愤怒》。只不过我笑了笑就将其归入关于母亲的性别歧视观念的角落里，并否认其合法主张。当愤怒的情绪真正出现时，我认为这种情绪与我的关系不大，因为我在成年生活中不知愤怒为何物。我“内心的小孩”对愤怒情绪有足够的了解，因为小时候我曾爆发过多次愤怒的情绪。当然，在小老虎出生之前，我有时也会生气，但都是可控的。然而在做母亲期间，这种感觉是压倒性的，有些时候甚至还会占据主导地位。

我的愤怒实际上来自身份的转变，所以我再谈一下“母亲易怒”的观点。其实在很多情况下，许多母亲都会生气，却从不谈论这个话题。愤怒似乎是毫无理由的，但我相信这种情绪隐藏在很多人的内心，与性别无关。我不能简单地将这种“妈妈的愤怒”排除。当愤怒第二次出现后，它高度地吸引了我的注意力，因为我被它的力量深深震撼了。我记不起是什么让我当时彻底吓坏了，也许原因不值一提。然而，在那一刻，在那个特定的环境下，愤怒情绪会让我如此震动，就好像从零直接到达一百的加速度。当我非常需要关怀，同时小老虎又非常需要我的时候，愤怒就来了；当我在成年生活中从未如此脆弱时，愤怒就来了。愤怒从来不会凭空冒出来，却能够很快让我爆发。当我和我的伴侣之间情绪紧张时，当我度过了筋疲力尽的一天后，当我感到疼痛、疲倦，同时为小老虎和我的状况担心时，愤怒就会袭来。这时，伴侣的冷嘲热讽、不假思索的话语、遗忘或粗心之类的小事，就足以成为一个导火索。浴室里空空如也的沐浴露盒，让我还很脆弱的身体必须无畏地重新跨过浴缸，就变成了一件很严重的事。如果这时伴侣的反应中有一丝骄傲的火花，或者他没有觉察到我的怒火，那么我的朋友——愤怒——就会立即出现，把沐浴露盒砸向浴室。当用过的纸尿裤不小心掉在地上，过了几天都没被处理的时候，我和我的朋友“愤怒”会恶狠狠地把它们扔进垃圾桶。然而，愤怒不仅仅会出现在我对伴侣的表现不满意之时，它还时不时地针对陌生人。当我觉得那个不知名的司机将车开得距离我和小老虎太近时，我都不知道用什么词语可以辱骂那个人。我一直很喜欢与超速者争论，但之前是以一种可控的方式进行的。伴随着愤怒而来的是巨大的无助，以及对自己言行的失控，这在以前从未发生过。

儿子出生一年半后，我生气的频率变得越来越低。我的情绪变得越来越可控，我自己的需求越来越多地得到了满足，而且我似乎处于成为母亲的最后阶段。情绪波动越来越小，不会再那么快地让我崩溃。我可以以全新的方式来处理自己的愤怒情绪及潜在需求。事实上，我现在将愤怒视为我的朋友，因为在我的需求储备耗尽时，愤怒就会发出警告，并帮助我在爆发时使用自我调节技巧。时不时地，我也可以和愤怒开个玩笑。回想起来，我有时会俯视自己，就像在上演20世纪90年代的《迷你乐一通》（*Tiny Toon Adventures*）卡通故事：像卡通人物一样，头慢慢变红，直到爆裂。

事实上，这段与自身的愤怒相处的经历，让我能够以全然不同的方式去处理孩子的愤怒。那个曾经安然入睡的小宝宝，如今已成长为一个偶尔也会发脾气的小男孩。我现在可以更好地理解愤怒对孩子和成人的影响。如果，作为一个成年人，我都无法阻止愤怒的出现，或者建设性地去处理这种情绪，那么一个婴儿又怎么能做到呢？如果没有自己曾经的愤怒体会，我就不会有强烈的愿望，想在小老虎发怒时亲密地陪伴他。对我来说，这是应对小老虎强烈情绪的完美准备。

此外，作为一名犯罪学家，这种愤怒同时引起了我的关注和兴趣。通过我自己的愤怒体验，我可以更好地理解人们迅速切换到“自动驾驶模式”会有多么容易。在这种模式下，他们无法控制自己的行为，只能任由情绪影响行为。我由衷地感激我愤怒的火花没有燃到小老虎头上，不是每个人都能做到这样。相反，成年人，尤其是小老虎的爸爸缓解了我的愤怒。可万一小老虎在体育课上或学校里引发了一个大人的怒气呢？我的愤怒加剧了我内心的担忧和恐惧。

喂，亲爱的担忧

遇到坏天气，以前的我宁愿被雨淋也几乎从不带伞。现在不同了，因为小老虎，牵挂成了永恒的陪伴，渗透着与孩子相关的方方面面。比如，这会提醒我，有 50% 的概率会下雨时，就要带把伞，否则小老虎会着凉。我现在需要担心的事情真是了不起。然而，在我看来，担忧不断循环的背后有着极其复杂的过程，因此又令人兴奋。担忧是“妈咪脑”最佳标准程序的一部分，这就是为什么（合理的）担忧对我来说几乎是一种新的超能力。我姐姐曾经对我说，她每次都可以预料到女儿们和父亲玩耍时会发生意外。这很好地描述了这种新的超能力，能看到别人看不到的东西，瞬间扫描环境、分析情况、识别危险源并立即采取预防措施来消除已经出现的担忧。小老虎越弱小，假想事故的因果链就越长，对真实性的要求就越低。例如，我朋友担心掉落下来的橡果，我发现她是对的。理论上，婴儿车里的孩子可能会被它噎住。从那以后，我和小老虎经过一棵老橡树时会格外小心。随着小老虎的长大，他的身体越来越健壮，而我待人接物的经验也越来越多，一些顾虑渐渐淡去，也有些保留了下来。

喂，恐慌

如果说担忧丰富了我的情绪，那么与之相反的另一种感觉在怀孕初期时不时地在我心中涌现：因害怕而产生的恐慌。恐慌的情绪进入我的生活比愤怒快得多，然后又突然消失。它没有成为我的朋友，我一丁点儿也不怀念它。

怀孕之前，恐慌对我来说并不完全陌生。发生的次数我一只手就能数得过来，而且每次我至少都明白它为什么会出现。例如，有一天晚上，我真的很想自己把我的房门修好，但就是修不好。担心这会儿任何一个陌生人都可以走进我的公寓，这让我感到恐惧。终于，随着夜幕降临，惊恐爆发了。最后，在父母的远程指导下，我总算更换了安全锁。我一直很清楚自己恐惧的根源，只是很少表现出来。黑暗与孤独的结合虽然在某些情况下会令人备感压力，但尚且能面对。而在产后的那几个月里，我心里对在自己房间内遭遇人身攻击的恐惧在急速增加。在梦中，恐惧涌现在我的脑海，让我感到窒息。夜里呼吸加速，才能让自己慢慢冷静下来，这种感觉很糟糕。再加上旁边有一个新生儿，更是令人心虚和无能为力。如果我的伴侣不能和我们在一起过夜，那必须做好更充分的准备，以降低恐慌发作的风险：天黑前检查房间，确保所有门都已上锁，一切就绪，只在两个安全的房间之间来回走动。当我梦见有人袭击我的孩子时，我破防了。白天，我理智地知道晚上的恐惧是无凭无据的。然而，我的大脑一次又一次地欺骗我，任由我的思绪飘忽不定：这一刻我还平静地坐在沙发上喝茶，下一刻我就在想，我是否能通过音频或视频婴儿监视器迅速看到卧室里的陌生人。在这样的时刻，我认为这是可能发生的，而且很有可能，因此我需要有一个计划，思考着如何对攻击采取最佳的反应策略。我希望能鼓足勇气，为了小老虎将自己切换到战斗模式，而不是像往常一样吓得一动不动。这听上去有些荒谬，但这些想法和恐惧对我来说就是现实。

惊恐来得快，去得也快。就这么简单。我高度敏感的、强烈恐惧的状态已经结束。回顾过去，从非常善意的角度来看，这种情绪也是一种资产，让我洞察了我的心灵。因此，在我看来，恐惧往往在我身体状况不佳的时候出现是绝对合乎逻辑的。此外，还有我以前不知道的恐惧：怀孕期间与伴侣的第一次大吵对我来说是以惊恐发作而告终。显然，从那时起我就明白了，争吵并不一定意味着失去对方。我在争吵时也不会那么快就泄气了。

喂，我的 2.0 时代

我觉得母亲的角色让我成为一个全新的人这种说法有些言过其实。我仍然是我自己，但有时我的感觉与以前不同，我的优先事项也不同，我也更关注自己的内心。愤怒和恐惧等新的情绪也会让我质疑自己是谁，想要什么。例如，我突然意识到生日对我来说很重要。在那之前的那些年里，我从来都不想把过生日当作一件大事，我会像往常一样去上班，几乎从来没有庆祝过生日。而成为母亲后的第一个生日对我来说是一个重要的事件。小老虎、他的爸爸和我在梅克伦堡湖区度假。如果在非妈妈模式下，在我生日那天握个手和说几句客气话就足够了。这不是妈妈版的我。这是过了很多天之后的第一天，我希望自己不只是一个供奶者。这可能是漫长的几个月以来的第一天，我成了关注的焦点。这一天，至少应该有一支蜡烛摆放在桌子上，当我吹灭它时，我的愿望可以飞出窗外。但那一天这些显然没有按我的预想发生，因此我大发脾气。从那以后，我会提前将我的预期表达出来，从而弥补了我的伴侣唯一不够细致的洞察力。

我身上的其他新特征是我新的日常生活的一部分。自小老虎出生以来，很多东西对我来说都太大声了，这种感觉消退得很缓慢。这些噪声，与其说是我无法控制的，比如救护车的警报声，不如说更多地来自我们周围的人。有时我真的觉得每个人都在对小老虎大吼大叫，当然他们不是故意的。从一开始，安静对我来说就非常重要，这也给小老虎一种安全感。在我看来，仿佛在小老虎出生后，我就一直戴着助听器，并且音量调得很大。在产后的那段时间里，我需要有序地来度过每一天。出于非常实际的原因，我必须在晚上为第二天做准备：白天我需要确保水壶里有足够的水，这样我就可以用一只手来倒水，用另一只手来抱小老虎。任何重要的东西都不能放在地板上，因为很长一段时间我都不能弯腰，更何况我抱着小老虎是够不着地板的。在我爱人下班回来之前，一切都乱套了。所以我得把所有的东西都安置妥当，这样我才能在早上自己泡茶，中午吃点东西。我没有耐心找东西，也没有力气搬动婴儿床。不过，这个新习惯对我也有好处：我和新生儿的生活是如此新鲜、不确定、令人兴奋，甚至让人害怕。这样有序的环境给我带来一丝安全感。与此同时，水壶里也可以没有水，但每天晚上的清理工作作为一种仪式被保留了下来。它让我可以放松一下，给混乱的一天带来一些秩序。

喂，妈妈模式

许多感觉和特征来了之后又走了，有些留了下来。对此，我很在意。谁知道下一次改变会是什么时候。最重要的一个变化是，我对母亲及自己作为母亲的看法的转变。在怀孕前和分娩后，我一直认为在绝大多数情况下，怀孕的负担和分娩的艰辛是由女性承担的，这是一种生理上的不公平。我没有意识到其中的好处，相反我几乎总是对男性感到愤怒，因为他们觉得这事很容易。这种观点至少在一定程度上发生了变化。虽然我不想再经历母乳喂养最初几周的艰辛，并且希望世界各地对母亲们的伟大成就给予更多赞赏，但我现在也认识到我的母亲身份带来的特权。作为小老虎的主要照顾者，我要做的比以往任何时候都多。同时，能一直陪伴在他身边，本身就是最伟大的礼物。我不愿因为其中的艰辛而失去这项光荣的使命。

来自科学的声音

母亲的心理层面往往是发生最大变化的一个方面。除了情绪尺度的扩大使母亲能够更强烈地体验各种感觉之外，她们还可以发现自己完全不同的一面。这些全新的体验会让女性在成为母亲的过程中暂时偏离原先的轨道。旧身份和新身份有时会相互矛盾，但必须尽快将两者整合在一起。这本身就是一个艰巨而充满挑战的过程。然而，由于女性在初为人母阶段正经历着无数的变化和日常挑战，因此心理变化也会具有相当深远的影响。

不安全感、陌生感和不同的行为方式（推和拉）

亚历珊德拉·萨克斯是一名面向孕妇和母亲的心理治疗师。她从心理学的角度关注女性在成为母亲的道路上的变化。因此，她的观点与母亲心理层面的变化高度相关。

她还将初为人母的阶段与青春期进行了比较。女性再次经历类似的情形，荷尔蒙陷入混乱，皮肤和头发看起来又不一样了，自己的行为也不同于自己的真实期望。她谈到了这个阶段的巨大挑战：尽管每个人都经历过青春期的不确定性，但成为母亲的阶段却大为不同。这时，外界往往期望看到一个快乐的、放松的妈妈。但是，正如青春期一样，新妈妈们仍在成长的路上。青春期的生理变化是所有人肉眼可见的，但处于青春期的青少年还并未完全成长为成年人。成为母亲的变化过程也与之类似。怀孕的大肚子和刚出生的小宝宝是所有人都看得见的，但这个妈妈还在成长为母亲的路上。因此，生孩子的女性会经历一个与多年前青春期相似的阶段。

在亚历珊德拉·萨克斯从事治疗师的工作时，许多女性来找过她，她们缺乏安全感，并且非常担心自己的感觉和行为。她们称自己不是一个好妈妈，不能总是享受做母亲的感觉，有时还会怀疑自己是否患有产后抑郁症。这些女性通常期望母性的本能会立即发挥作用，这样她们就会自动知道该做什么。亚历珊德拉·萨克斯告诉她们这些都是不切实际的期望。她认为这是一种不适应，但远不是一种疾病。她指的是什么呢？如果女性在产后感到不安和陌生，还没有找到自我，这并不意味着她们就一定患有产后抑郁症。相反，这些感觉和问题在母亲身上出现是完全正常的。这是一个艰难而充满挑战的时期，许多女性也觉得十分困难且极具挑战性。在她的治疗过程中，亚历珊德拉·萨克斯使用所谓的"推拉比较法"让女性了解她们身上发生了什么。催产素在分娩和与婴儿的密切接触过程中释放出来。正如在身体部分的描述中谈到，这种激素有助于将所有注意力集中在婴儿身上。这时，处于女性思想和情感中心的是婴儿。这就是亚历珊德拉·萨克斯的比较法中的"推"字所代表的意思。与此同时，大脑的一部分正在抵制这一点并将注意力转移到她们身份的其他部分，即那些在怀孕和分娩之前就存在的部分：例如，具有独立意识、跑遍世界并追求自己的工作或爱好、好结交朋友或参加运动。这是亚历珊德拉·萨克斯比较法中"拉"所代表的意思。在这种推拉中很容易产生撕裂的感觉。一个女人同时被推向婴儿，又被拉向自己，因此她必须学会处理这种关系。基于此，有几种相互排斥的感觉和欲望，这是完全可以理解的。因此，这种反反复复的感觉，以及必须重新找到自我，是初为人母阶段的典型特征。在一次小组讨论中，亚历珊德拉·萨克斯谈到，从心理学的角度来看，继续感受"自己"是至关重要的。为此，继续开展常规活动

（包括在婴儿出生之前的）是十分有必要的。她指出，当以前的“我”的日常活动突然消失时，自然很难感觉到自我的存在。

我总是听到外界对各种话题的看法或评论，这让我产生了一个疑问：我是否是一个好母亲？每次当我做出一个决定时，我都会不由自主地否定其他事情。一开始，我会怀疑自己是否为孩子做了错误的决定。（雷娅，有1个孩子，1岁）

我总是担心，“我的孩子会怎样？”如果他还不会翻身，他能学会吗？与此同时，我知道无法再多休一年的育儿假了。我想回去工作。是的！但是，如果我的孩子还不会坐立，而其他孩子长得又高又壮，我还能这么做吗？我能送他去上日托中心吗？我的自我发展意识与已经具备的母性本能背道而驰，且相互对抗。（莉娜，有1个孩子，5岁9个月大）

母亲的分娩

凯特·巴贝廷（Kate Babetin）是一名心理治疗师，在她的私人诊所执业已近十年。她曾发表过一篇从心理学角度探讨母亲分娩的文章。她在其中将分娩描述为一种心理转变，一种女性事先无法做好充分准备去应对的重大变化。即使一位女性大致了解她正在期待的一种变化，但当她真正体验时，仍然会非常震惊。然后她才会在某种程度上知道发生了什么变化，但她并不知道那会是一种什么样的感觉。更糟糕的是，女性经常被告知，她们生命中的重要时刻即将来临，而生孩子就是她们可以经历的最美妙的事情。

所以这应该是女人一生中最美好的时光。与此同时，她正在经历一个充满挑战的转变过程。事实上，在这个阶段，有些女性会感到不安，并失去自我。另外，成长中的新妈妈应该且必须了解自己的宝宝。其中，重点是协调新旧身份，有时这会让人感觉就像是坐过山车似的。因此，有些女性会觉得自己失去了孕前原有的身份。与此同时，作为母亲的新身份尚未诞生。到目前为止，我们的社会似乎还没能为陪伴或谈论这个转型过程留出空间。据凯特·巴贝廷介绍，现有的孕妇读物大多都是一些“开心谈话”，没有涉及成为母亲阶段的各种挑战。但是女性在怀孕期间和婴儿出生后的情感色彩更具多样化，而我们认为到目前为止还没有对此展开足够的讨论。很快，女性就会被贴上产后抑郁症之类的标签，这似乎不是正确的看待方式。这种所谓的“快乐的母亲”和“抑郁的母亲”之间的二元对立是对现实的粗略简化，对所有相关的人都没有帮助。分娩阵痛过后，情绪上的阵痛开始变得剧烈和频繁。凯特·巴贝廷采纳了一位朋友对这段“黑暗时期”的前 100 天的描述。妈妈们必须在很短的时间内学习大量新事物，同时还要清楚宝宝将完全依赖于你，凯特·巴贝廷将此称为压在一些母亲身上的责任重担。然而，即使母亲为新角色而挣扎或历经挑战，她也会感到前所未有的强烈爱意。这显示了母亲非常典型的矛盾心理。因此，宝宝的出生会打开一扇未知的情感之窗。她的专业说法是，妈妈们感到有些疯狂是正常的。她称这些疯狂的感觉是一种悖论，在做母亲的过程中起着至关重要的作用。作为例子，她提到了纯粹的爱和纯粹的乐趣，紧随其后的可能是愤怒或过度劳累。她也谈到感情的矛盾心理，并称每一个母亲都会经历身为母亲的阴暗面，这不应该被压抑。在几周或几个月后，大多数女性开始将母亲的角色视为她们心理的一部分，作为母亲的新身份慢慢融入现有身份。当然，失去自由等问题可能依然存在。她将成为母亲的过程描述为一种深刻的心理转变。这可能是女人一生中最伟大的礼物，同时也可能是最大的挑战。

有一种直观的“妈妈感觉”。但要在日常生活中感受到作为妈妈的自信，则需要花费更长的时间。从我的第一个孩子出生，到我能很好地找到自己的全新角色，我至少花了两三年的时间，才找准自己的位置，这也取决于与伴侣和家人不断变化的关系。（安妮，有 2 个孩子，分别为 4 岁 9 个月大和 7 个月大）

突然间，我扮演了一个角色，负责照顾一个婴儿。但我不能允许这种不安全感影响到我。我宁愿把内心的不安搁置一旁，并且我相信我能做到。我确实已经做了很多事情。我想我已经从“感觉状态”调到了“运行状态”。但我仍感到有点失落，觉得还没准备好。在电影中，当母亲们第一次被允许抱孩子时，

她们常常喜极而泣，而我感到的却是害怕。（格蕾丝，有 2 个孩子，分别为 4 岁和 2 岁）

扩展的情绪尺度

“知心导乐两姐妹”（莎拉・加兰和纳塔莉亚・拉莫特）说过，心理层面的变化往往最大。女性的感受更强烈，情绪范围也会扩大。她们还描述道，女性可以发现自己全新的一面。例如，与婴儿出生前相比，她们会感到更紧张或者更放松，更有压力或者更自由，以及感觉自己的能力更差了。当母亲们觉得自己白天没有取得任何成就，而夜晚仍然非常疲惫时，心理层面的矛盾就很明显。例如，一项针对六位母亲展开深入采访和调查的小型研究表明，她们的情感范围非常广泛，她们会感觉到孤独、不知所措、崩溃、恐惧、怨恨等。

阿比盖尔・塔克（Abigail Tucker）在一个图书项目中谈到了母性科学。例如，基于扩大的情感范围，她写道，婴儿的哭声会在母亲的大脑中触发神经元的燃烧，让母亲快速进入戒备状态，同时心跳加快。婴儿头顶散发的气味让母亲闻起来觉得非常美妙。这种气味对妈妈有着巨大的影响，尤其是对大脑中的奖励中枢。婴儿的气味会激活负责感觉信号和注意力的间脑部分。因此，母亲的注意力会一直集中在婴儿身上，尤其是婴儿的哭声上。

美国儿童研究行业表明，母亲的大脑会对所有的婴儿做出反应。因此，只要是婴儿的哭声，就会触发母亲的某种情绪。而如果是自己孩子的哭声，母亲的反应就会更加明显。母亲的大脑对自己的婴儿反应最快，奖励中枢和其他区域也会变得活跃。因此，完全可以理解的是，初为人母的女性对自己婴儿的哭泣往往感到惊讶和有些不知所措。在大脑中，负责情绪和同理心、运动控制和社会感知及奖励系统的活动全都得到了强化。在这些研究中，通过大脑活动可以清楚地测量出，当自己的婴儿哭泣时，许多母亲能感觉到自己的心跳加速。心跳加快，反应迅速，感知集中，所有这些都是女性在自己的宝宝呼唤她时所感受到的。对于一些女性而言，这些都是全新的感觉。有时，在这种情况下，她们都认不出自己了。当环境主动向这些母亲反馈她们对婴儿哭闹的反应是否合适时，这种体验就会变得更加困难。

根据美国国立卫生研究院的一项研究，婴儿的哭声也会在没有孩子的女性的大脑中引发即时反应。而男性研究参与者的大脑仍处于休眠模式。测试表明，其他声音信号也引发了母亲大脑活动的增加，这也解释了为什么很多时候妈妈们会突然觉得周围的环境很嘈杂。

关于“情绪尺度的变化”这一话题，科学家们还谈到了一种“敏感化现象”。阿比盖尔·塔克将其描述为超越自身极限的神经生长。对（自己的）孩子的信号、行为或感受的感知会变得更加强烈，并产生共鸣。这也是为什么当新生儿的父母在电影中或者新闻里看到孩子受苦的信息时，往往会无法忍受，因为这些信息强烈地影响着他们的情绪。

我变得更加情绪化，更加警觉，更加焦虑，更爱保护自己，不再喜欢去冒险，几乎不会一时冲动，更不愿妥协，也不想把我的孩子交给陌生人。我突然觉得外面的世界充满了威胁。（伊冯，有 2 个孩子，分别为 2 岁和 3 个月大）

从中间那段时间来看，我对所谓的“情绪延长”感到惊讶。孩子们的问题或冲突会给我带来巨大的冲击，就好像它们是我自己的问题和冲突一样。（玛丽亚，有 3 个孩子，分别为 12 岁、8 岁和 3 岁）

分娩是人生的转折点

奥雷莉·艾坦专注于研究女性成为母亲的过程，并要求将这一过程理解为一种科学现象。这是一个女人生命中的转折点，伴随着失去和收获，就像人们生命中的其他转折点一样。

因此，这一过程可以被理解为一场“危机”，自然会免不了经历动荡和调整。如果从发展心理学的角度来看待这一过程或这场“危机”，那么很显然，女性在动荡过程中表现出复杂的情绪，这是完全正常的。

根据奥雷莉·艾坦的观点，孩子和母亲会互相影响对方的行为和性格。对此，她站在批评的视角认为，目前人们主要关注的是母亲对孩子的影响。与此同时，人们也应该考虑到儿童对母性发展的影响。例如，她提到了无条件的爱或正念，这对母亲来说可能是一种全新的体验。

作为一个成年后一直处于解放自己状态中的年轻女性（不论是从父母身边解放出来，或是从乡村生活里解放出来，又或是从父权制中解放出来），成为一个妈妈的感觉仿佛让我倒退了10 年。我已经有很长一段时间没有如此地依赖于另一个人，以及我的行为必须以另一个人为导向。这种感觉让我产生了一种不可思议的爱。后来，我明白了原来这就是母爱：为了一个新生命而付出自己的所有。哇，如果一年前有人告诉我，有一天我会写下这样的文字，我是一定不会相信的。（维拉，有 1 个孩子，4 个月大）

新能力与新身份

作为一名治疗师，阿比盖尔·布伦纳也会站在心理学的角度来看待成为母亲的过程。她专注于一些积极的方面，认为做母亲是一个丰富自我、认识自我的机会。日常生活中平凡的和不平凡的时刻共同构成了新的身份和新的能力。然而，要找到通往母亲这个新角色的道路则需要一些时间，妈妈们必须更有耐心，或掌握建设性地应对种种全新不确定性的能力。生活并非每天都会一帆风顺，妈妈们可能会怀疑自己是否做对了，并且越来越害怕出错，或者对自己的能力产生怀疑，由此变得高度敏感，同时表现出极度疲惫的状态或低落的情绪。尤其是当妈妈们尝试了所有方法，但情况或问题仍然没有得到解决时，这些情绪和感觉就会出现。妈妈们日常压力过大的原因主要体现在：她们通常会竭尽全力地应对在照顾宝宝的日常生活中出现的一切挑战。然而，竭尽全力的付出并不总能取得成功。

不管怎样，我发现做所有这些全新的事情都充满了挑战，从换尿布到穿衣服再到后来的洗澡，突然间你要对这么一个小生命负责，而你真的不知道该怎么做。一开始我读了很多关于婴儿的书，这当然很好，但同时也让我产生了一些新的不安全感。（尼娜，有 1 个孩子，2 岁）

令人惊讶的是，一切就这么顺利地进行着。当然，我也会害怕：孩子只依赖于我，他必须活下来，如果你不照顾他，他就会死，这是多么赤裸裸的责任啊！起初，我几乎每晚都做噩梦，梦见他出了什么事。但让我感到惊讶的是，一切都以某种方式自行运转起来。这就是为人父母：给宝宝换尿布和洗澡，摇晃着宝宝入睡。只要你做了，一切都会好起来的。（卡

莎，有 1 个孩子，1 岁 9 个月大）

分娩前后的恐惧

神经科学家乔迪·帕鲁斯基（Jodi Pawluski）在谈到人们热议的母性本能时说，它是不会自动具备的。女性必须首先学习照顾孩子的正确方式。

密歇根州立大学心理学教授约瑟夫·隆斯坦（Joseph Lonstein）作为嘉宾参加了她播客的第一集录制。他研究的是产后焦虑症。他谈到需要对产后抑郁症和产后焦虑症加以区分。据估计，至少有 15% 的女性在怀孕期间或产后患有需要治疗的焦虑症。然而，由于研究重点一直是产后抑郁症，针对孕期和产后焦虑症的研究和文献都很少。

在某种程度上，女性有这些担忧是正常的。例如，担心自己作为母亲做得不够好。两位专家称，这些担忧几乎所有的女性都有。但如果过度担忧，就会出现问题。例如，每隔 15 分钟就要检查一次孩子在睡眠期间是否还有呼吸。当这些恐惧转移到日常生活中的方方面面时，这也是令人担忧的。在怀孕期间，妈妈们的担忧通常是围绕即将到来的分娩展开的。约瑟夫·隆斯坦说，如果有人能够分享并真实讲述分娩的经历，将会对妈妈们有很大帮助。这正是耶娜·弗里德里希提出的“生育自尊”这一概念所提倡的：女性应该被赋予力量，培养积极的心态，并积极参与分娩。通过积极塑造成为母亲的过渡阶段，包括顺利的分娩体验，才能让她们在产后变得更加坚强。约瑟夫·隆斯坦认为，仅仅阅读有关分娩的信息（例如，有关分娩准备的书籍），几乎无助于消除这些恐惧。许多女性也制订了自己的生育计划，或在脑海中形成了生育方案，但如果分娩过程不能遵循这一计划，就可能会给她们造成伤害。失控的感觉可能会产生深远的影响，从而引发心理创伤。

荷尔蒙的影响和大脑的变化是在不同的影响因素复杂的相互作用下发生的，特别是血清素、多巴胺、神经递质和催产素，它们决定了女性产后的变化。可以把这种相互作用想象成一支乐队，一旦其中一个因素受到干扰（就像在乐队演奏中发出一个不同的音调），整支乐队就会受到干扰，从而引发焦虑。与婴儿的身体接触，如皮肤接触或只是将婴儿抱紧，被认为具有非常强大的影响力，因为它可以影响母亲的神经元变化，可以抵消恐惧或焦虑。在播客节目中，两人给女性提出了以下建议：

1. 女性应该了解大脑会发生许多变化，并意识到这是人生中的一个特殊时期。

2. 焦虑可能是新妈妈感受的一部分，妈妈们应该接受并公开讨论自己的焦虑情绪。

3. 妈妈们一方面要想办法向家人解释自己的感受，另一方面要想办法应对恐惧。

4. 妈妈们必须明白焦虑的出现自有其生理原因，不应觉得这是耻辱。

阿什利·艾布拉姆森（Ashley Abramson）发表在《纽约时报》的一篇文章中也表达了对于产后荷尔蒙变化的观点。孕酮和雌激素在产后会急剧下降。迄今为止，研究人员一直认为情绪的变化是由激素下降引起的。一方面，是激素本身使女性在产后更容易焦虑；另一方面，是大脑对这些激素的化学反应造成了这样的结果。

在早产的情况下，分娩前后的焦虑起着特殊的作用。来自意大利的科学研究小组已经研究了早产是否会对成为母亲的过程造成负面影响。如果会，将在多大程度上造成影响。尽管对早产儿的研究非常深入，但早产儿母亲的状况却没有成为科学界关注的焦点。这方面的研究结果对父母的健康及他们与（早产）婴儿之间的关系都有帮助。该研究小组现在着眼于研究母亲的情况，并对 30 名怀孕 24 周至 36 周早产的母亲进行了研究。她们发现，一方面，早产的母亲尚未做好当妈妈的充分准备，过早地扮演了母亲的角色。另一方面，她们强调，当女性终于能够看见自己的婴儿时，她们通常非常关注婴儿的健康状况，因此会承受许多压力。她们还提到，一些女性将早产等同于她们自身的某种过失，因为她们没能保护好婴儿，尽管这并不是个人的过失。但不幸的是，某些母亲依然会有这样的感觉。这种主观上的负罪感更加强烈，因为这种感觉一直会延续到为人父母的第一阶段。更糟糕的是，新手父母觉得自己没有能力（事实并非如此）照顾好婴儿，从而无法充分履行他们作为父母的职责。

在三次分娩经历之前，我非常害怕疼痛，觉得那很糟糕。在我的第一个儿子出生后，我惊讶地发现自己的身体竟然会受到如此大的限制：在很长一段时间里，我的身体总是会出各种问题。我的会阴三度撕裂，使用了两次吸盘式助产器。我失血过多，三个星期以来血液循环一直都不流畅，甚至根本无法站立。我害怕再也回不到从前了。在那一刻，苦难似乎是无穷无尽的！这段经历也伴随着我的第二次怀孕。直到最后，我选择了剖宫产。（韦布克，有 3 个孩子，分别为 6 岁、4 岁和 1 岁）

与宝宝亲密接触

约翰·鲍比（John Bowlby）是一名儿童精神病学家和儿科医生，被认为是依恋研究的先驱之一。他研究了婴幼儿长期与父母分离可能会造成的后果，并依此发展了一套依恋理论，这套理论早已进入家庭生活的实际领域。例如，日托中心的“熟悉模式”这一概念就是来自约翰·鲍比的依恋理论。根据他的研究，与父母建立安全的依恋关系是孩子探索世界的基础。在成功的亲子关系中，父母提供了可靠的基础，获得安全感的孩子会逐渐远离这个基础。但是，为了能够得到安抚、理解、安慰，或者得到吃的东西，孩子可以随时再次回到这个安全可靠的基础。约翰·鲍比理解的依恋行为是当一个人在害怕、疲倦、生病或需要关注时，会去寻找一个更有能力的人，并将其作为安全的保证。他的依恋理论不仅解释了一般的依恋关系，也解释了持久的依恋关系的形成。他非常明确地把依恋理论与孩子依赖父母的理解作了区分，因为这并不能准确描述情感（依附）关系。依恋观点已经在分娩、产后和初为人母的阶段发挥了特殊作用。母亲与婴儿之间的牢固联系在很早以前就已经奠定了基础。“亲密接触”这一概念在医院中得到了推广，并凭借依恋理论获得了特殊地位。早期和密集的（身体）接触对母亲和新生儿都非常重要，许多妈妈非常强烈地渴望与刚出生的婴儿有直接的亲密接触。但当出于医院的医疗原因无法直接与婴儿进行大量的亲密接触时，她们会感到非常失望和伤心。

发展心理学家利斯洛特·阿纳特（Liselotte Ahnert）强调了母亲与新生儿进行亲密接触的影响。她提出了一个概念——“母婴联结”。根据这个概念，与其他孩子相比，发育迟缓的孩子在出院后，如果频繁地受到母亲的情感排斥，那么这些孩子患病就医的频率就会更高一些。她证明了当母亲处于初为人母的敏感阶段时，出现情感排斥的障碍是合理的。当有意识地想去触摸新生儿的体验与当时产科诊所的常规程序相违背时，这种障碍会再次发生。很长一段时间以来，产科诊所都禁止让母亲与新生儿进行肌肤上的亲密接触。过去，婴儿是与母亲分开照顾和安置的。但现在，至少在德国，让宝宝出生后和妈妈尽快进行亲密接触已经成为一种非常普遍的做法。甚至在宝宝出生前，就已经开始大力宣传亲密接触可能会带来的好处。通过这种方式，它可以鼓励父母承担起对婴儿的责任，并有助于荷尔蒙的变化或乳汁的分泌。因此，女性强烈渴望立即与自己的宝宝进行亲密接触也就不足为奇了。如果出于某种原因而无法实现，她们反而会有些担心。

在《纽约时报》的一篇文章中，简希·邓恩（Jancee Dunn）谈到了与婴儿建立联结的问题，特别是如果不直接与婴儿建立联结会发生什么。简希·邓恩提到了一些科学家及其研究结果，并指出，母亲通常会经历期望与现实之间的差距。夸张地说，人们的期望是，作为母亲，应该会立即爱上她的宝宝，从第一次眼神接触的那一刻起，她就是一个永远充满爱心和快乐的母亲。但实际上，一个女人并不是突然间就成为妈妈。相反，一个非常重大的人生事件发生了，只有在成为母亲的过程中，所有的变化才会变得清晰可见。由于期望与现实之间的差距，妈妈与婴儿的距离感会变得非常明显。与此同时，妈妈可能会因为这种距离感而感到内疚和羞愧。从一开始就能感受到宠爱宝宝的巨大的社会压力，但事实上，这种感觉取决于许多其他因素。女性的个体性格在这件事上有着很大的影响力，例如它影响着女性对待失控或感受疼痛的方式。这篇文章还提及母亲与宝宝建立情感联结是一个过程，并不是在宝宝出生时立即发生的，这与保护婴儿等立即自动出现的原始本能不同。女性在心理层面上最强烈的期望可能就是立即感觉像一个母亲，并直接感受到伟大的母爱。然而，它最终如何发展，取决于建立联结的过程、女性的性格，以及分娩过程。从第一秒开始就与婴儿建立亲密联结的情况并不常见。如果与婴儿相处的最初几个小时和几天（甚至几周和几个月）感觉不够亲密，那么这种期望可能会导致妈妈们产生不安全感或困惑，随之而来的可能是不断的怀疑和自我怀疑。这些都是初为人母时的独特的感受。

我的孩子在剖宫产出生后，马上就被抱给我看了。有人告诉我，这是你儿子，但我并没有一眼就爱上他的感觉。我以为所有的母亲应该都会立即感受到对宝宝的爱意，这是我的孩子，是我生的。而我的爱意需要逐渐发展。为此，产后三天，宝宝和我躺在床上进行的肌肤上的亲密接触对我来说非常重要。我以为所有的母亲都会在第一秒就会感受到对孩子的爱。母亲们很少会公开谈论自己不同的感受。（利娅，有 1 个孩子，1 岁）

听听专家的说法

耶娜·弗里德里希：

我们每个人都是个体，各有所长。然而，在育儿方面，我们经常试图将所有东西都倾注到一个模具中。实际上我们应该清楚地认识到，父母的角色也有不同的扮演方式。妈妈们无法做到无可指摘：如果她们待在家里带孩子，就会被嘲笑为趴窝的母鸡；而如果她们重返工作岗位，则会被认为是不顾家的乌鸦。她们总是被别人拿来评判，这对女性来说既累人又没有必要。我希望看到对不同的生活方式有更一致和更开放的态度。

我发现，在怀孕期间，女性经常会觉得自己不重要，因为一切都是以孩子为中心的。当然，孕前检查等措施很重要，但重点不应该仅仅放在身体故障的排除上，而应该放在对准妈妈们更好的支持上。我们应该用不同的方式来谈论这个话题，鼓励女性增强自我意识和身体意识。她们需要更多的知识启蒙，以便能够更好地评估检查结果。相反，那些问了很多问题或有时拒绝检查的女性被贴上了难缠的标签，并且经常在情感上被施压，被迫向医疗机构低头："你不希望你的孩子出事吧？"共享决策仍然非常罕见。

汤娅·海因里希：

作为一名产科护士，我感受到了如今母亲们普遍存在的巨大的不安全感。到目前为止，我（在工作中）遇到的女性都希望自己的孩子能得到最好的照顾，因此她们会接触到大量的信息。社交媒体本应提供最适合自己孩子和家庭的信息，却助长了这种不安全感。信息的泛滥对女性应对成为母亲的变化起到的帮助作用十分有限。

一旦她们成为母亲，许多女性就会意识到她们应该在社会中扮演何其之多的角色，以及自己应该如何被公正地对待。作为一名产科护士，我陪伴过多位女性，经常会遇到一些争论，即女性应该如何应对，如何在做出正确的决定时处理自己的不安全感。

在人际关系层面成为母亲

一个新的小家庭诞生了。这多么美好啊！但又多么累人啊！宝宝出生后，社会环境中的一切在理论上都没有发生变化：同样的伴侣、同样的父母、同样的兄弟姐妹和同样的朋友，只是多了一个小人儿，也可能是多了好几个小人儿。然而，现实中一切都改变了：与伴侣发生冲突的概率变大了，因为孩子而产生了全新的依恋，无法满足的家庭期望、发生变化的友情，以及认识了许多新的同为妈妈的女性朋友。所有这一切都给我们带来了全新的启发和美好的体验，同时也很可能会让我们感到力不从心。无论如何，一个新的小家庭诞生了，好棒！

家庭文化、争吵文化和产后文化

（本部分内容由汉娜·迈耶撰写）

砰！突然之间，现实的一切都与预想的完全不同了。儿子出生后，我周围的社会结构忽然发生了变化。很难说哪些变化是因为我成了母亲。现在回想起来，这种变化并不完全出人意料，因为它在怀孕期间就已经初露端倪。很显然，我承担的全新角色及我与身边人相处方式的改变在那时就已经显现出来了。可以肯定的是，我首先必须重新梳理自己在人际关系层面的思绪。我与一部分人的交流变得更加困难了，与另一部分人的沟通同样不够充分。我已经和一些人失去了联络，也已经和另一些人再次建立了联系。我与一些熟人的互动发生了根本性变化。我们需要重新适应彼此的相处方式。我发现，我以前非常熟悉的一些人现在让我觉得很陌生。相反，我与那些原本对我来说很陌生的妈妈们建立起一种深度的联系。这真是一个疯狂的世界！

小老虎让一切焕然一新

在怀孕期间，尤其是在宝宝出生后的第一年，我与朋友的见面频率已经降至最低。我们没有为生命进入新的阶段而举办庆祝活动或宝宝派对，也没有在产后举办过任何形式的见面会。当时正值病毒感染的高峰期，所以我们很少外出。在休育儿假期间，因为我要小心翼翼地保护我的盆底，加上小老虎抗拒坐车，以及我们当时要避免乘坐公共交通工具，所以我们的活动范围十分有限。这也意味着，在产后的第一年里我和小老虎的活动范围受到了极大的限制。

幸好有智能手机，有些联系得到了加强。在我和那些生活状况相似的妈妈们联系时，我会充分利用语音信息：不论是花 15 分钟聊宝宝的辅食和主动进食，还是再聊 10 分钟有关婴儿护理的话题，这些都不在话下，而且总是令人愉快。抱着熟睡中的宝宝的无数个小时为此提供了足够的时间，相较于收听播客节目，这也是一种很好的调剂。

我与家人的联系也加强了，我们通过视频通话等方式拉近了距离。产后，当我的伴侣回到工作岗位时，我和小老虎还需要有人照顾。这时，其他家人也加入进来。例如，在小老虎的祖父过来帮忙的那段时间，在美好而漫长的下午，我可以一边吃甜点一边聊天。我和我祖母的通话也变得越来越多，我对她的一些生活经历也有了更深入的了解，要不然我们可能永远都没有机会聊到这些话题或经历。我也很怀念之前与一些人的联系。早在怀孕期间，特别是在小老虎出生后，我就知道有些我曾经关心和爱的人，小老虎永远都不会见到。这当然是令人痛心的，但同时也让我们明白了时刻关注当下的意义。

也许我的社会结构中最显著的变化是，我与小老虎父亲的关系。简而言之：我可以发自内心地感受到，为什么在组建家庭后的头几年中离婚率和分居率会如此之高。我们的爱情（作为我做妈妈的基础和起点）比以往任何时候都经受着更严峻的考验，尤其是在宝宝出生后的第一年。最初的考验来自日常生活中的压力，以及各种全新的挑战。

愈演愈烈的争吵

虽然日常生活已经稳定下来，我们可以和儿子一起度过许多美好的时光，但有一个情况总是会让我和伴侣的关系以闪电般的速度跌入新的低谷：争吵。在我们的匿名调查中，当一位父亲被问及他与爱人的关系发生了什么样的变化时，他回答说："突然之间会为了每一件小事而争吵不休。"我想在这里补充一下：人们不只会为每一件小事而争吵，而且还会反反复复地为了同样一件事情而争吵。生活的一切突然变得如此重要，以致我们竟然要通过争吵来解决双方所遇到的这些事情。我首先必须习惯于争吵。除了兄弟姐妹之间的争吵外，成年之前我鲜少与人发生严重的争吵。我几乎没有认真地与人争论过，所以我既不知道争吵文化，也不喜欢争吵。我总是尽量避免发生争吵。在我的早期生活中，争吵是可以避免的。对我来说，甚至互相大声地说话也像是在吵架。这是否是一种健康的生活方式，在此不必作答。但可以肯定的是，在我成年后的生活中，我与别人发生过多少次大的争吵，用一只手都能够数得过来。

怀孕后，随着争吵的愈演愈烈，以前的平静生活被打破了。随之发生的变化是显而易见的：突然就会出现一个非常重大的分歧，几乎没有妥协的余地，至少在我看来是这样。以前我们能争论什么呢？去哪家餐厅吃饭？如何选择度假目的地？我们是想要去看电影还是想要坐在沙发上看电视连续剧？有了肚子里的小老虎，我们的关系在期待之余又多了一份严肃。虽然我很想从容应对生活的方方面面，但伴随着怀孕而来的是更高层次的思考和担忧。

导致我们之间发生争吵的第二个情况是：从怀孕的第一天起，我的身体就发生了很大的变化。荷尔蒙在体内全速运作，这也给我们的关系带来了一些变化。准备工作对我来说很重要，我必须寻求帮助。虽然我的怀孕过程一点都不复杂，但从一开始我就知道，我正在踏上一段路线和终点尚不明确的旅程。尽管一直以来我都更喜欢个人旅行，但对宝宝的未来感到迷茫，这还是引发了我内心的不安。于是，我会为之理出头绪、制订策略和计划。而我的伴侣还没有踏上这段旅程。严格来说，他对我的这一系列行动感到恼怒。而我却想不明白，这一改变人生的事件为何不能在他心中唤起与我类似的想法和反应。如果我们当时对“妈咪脑”的科学背景有更多的了解就好了！例如，当他还在熟悉我日渐增大的肚子时，我已经在孕中期，开始用完全不同的眼光来看待我们房间里的配套设施了：婴儿在地板上爬行之后，膝盖上怎么可能没有几十块碎屑？如果变形的旧地板上的每一块木地板都吱吱作响，你甚至能听到邻居家木地板的声音，那宝宝还能睡觉吗？暖气片下面的洞通向哪里？我以前从未关心过这个洞，现在孩子的手不是正好能伸进去？我以前非常喜欢的柏林老建筑已经不再适合我了。然而，我的伴侣还没有跳上变革的列车，所以我的新想法和他对当下的热爱经常会发生冲突。

特别是在孕晚期，这种情况对我来说变得越来越严重了，我们发生了冲突。在我们的关系中，我们所珍视的自由已经完全变成了对彼此的依赖。在体力活上，他的参与对我来说非常重要。身边发生的一些事情，让我格外留心自己的身体所承受的负荷。虽然在孕中期我还可以在搬家时亲力亲为，但在孕晚期面对那些大件物品（如箱子）我已经无能为力。此外，我的内心渴望拥有一个全新的、属于我们自己的屋子，而一个全新的屋子往往意味着会有许多事情要做。所以，我经常会把一份“待办事项清单”塞到我的伴侣手里。然而，这些要求让他感受到了前所未有的压力，但他又不得不完成这些事情。每当我们在待办事项上存在分歧时，争吵就会升级。例如，有没有必要给宝宝配一个尿布台，以及什么时候安装它才算“及时”。我费了好大劲才向他讲明，在刚开始那几天，我总不能在地板上给宝宝换尿布。而他完全不能理解我为什么一定要在预产期的前几周就要把尿布台准备好。而我也无法向他解释什么，这仅仅是因为尿布台的存在可以缓解我内心的焦虑。

争吵文化

就像在怀孕期间为生孩子做的准备工作一样，现在回想起来，我觉得在怀孕期间与伴侣发生的那些争吵可以作为宝宝出生后发生更大争吵的预热。在孩子出生前，我们的争吵主要是因为一些事务性问题。而在孩子出生后，我们之间有时会出现一些情绪化的问题。我和我的伴侣在怀孕期间已经建立了一种争吵文化，这很有帮助。至少争吵的过程和结果变得更容易预测。

然而，随着小老虎的到来，一切都相当于重新洗牌了。新的架构出现了，我们首先必须找到并塑造我们作为父母和伴侣的角色定位。然而，我们每个人在架构中的位置已经以一种自然而然的方式被预先确定好了。居于中心位置的是小老虎，他是我们的焦点。自从他出生后，他经常会给我们带来亲密的幸福时刻。紧接着是我的个人需求：恢复身体并为自己腾出时间。我感觉很糟，因为刚刚经历怀孕和分娩的那个人是我，而不是小老虎的爸爸。在最初的几个月里，小老虎的爸爸起到了非常重要的作用。当我为小老虎付出一切时，他会为了我们俩而倾力付出。直到我的身体稍微好些时，我才开始思考，这段时间有谁关心过他？他是否也会感到不安？他是如何应对我们目前的新生活的？

产后这段日子，我们越来越依赖对方，这无疑会引起我们性格上的不适。我的体力大不如前，更加依赖伴侣的帮助。对我来说，去最近的超市都要走好远好远的路。与此同时，小老虎的爸爸也完全依赖我和小老虎的生活节奏和具体行为。更糟糕的是，面对“做什么、怎么做和什么时候做”的这些想法，我几乎是毫不妥协。不同于怀孕后我心中产生的莫名的担忧和恐惧，自小老虎出生以来，我非常清楚什么对他好，什么对他不好。一旦产生不确定的想法，我就会去研究，然后结合一些知识做出合理的决定。而小老虎的爸爸往往只是根据自己当时的心情和直觉行事。如今，我觉得，我和他这样的组合多多少少可以互为补充，互为助益。而在宝宝出生后的第一年，我们感觉就像是来自两个截然不同的世界。

就小老虎而言，因为我有怀孕、分娩和哺乳的经验，所以我较早地具备了知识上的优势。但后来我的伴侣也休育儿假了，我逐渐失去了这个优势，并受到了质疑。与此同时，依赖体现在方方面面。不仅小老虎自带节奏，他爸爸的介入也实现了更深层次的依赖。为了照顾伴侣的心情而在小老虎身上做出妥协，这在我这儿从一开始就行不通，直到今天也很难做到。对我来说，逐渐摆脱以自己的眼光看待孩子，是一个学习过程。例如，在宝宝出生后的第一个冬天，我觉得如果宝宝的帽子面料太薄了，那是绝对不行的。如果在换尿布时小老虎哭了，我会想是不是没调好水温，根本不可能为了恢复身体而继续躺在床上。就如这样，我和小老虎的爸爸总是会发生争吵。我的感觉和想法发生了变化。突然间，整洁和秩序、平静和温暖对我来说都是不容商量的。

多年来，我与小老虎的爸爸在大多数时候所持观点都是相同的。但现在的我有了新的关注点，加上我不妥协的个性，我与他经常观点相左。过去，我非常欣赏他的性格，现在却很反感。例如，以前，他的实用主义常常把我从决策障碍中解救出来，但当我有了孩子之后，他的实用主义似乎又成了一种对宝宝的威胁。是否使用退热栓？如何调整儿童座椅？如何选择儿科医生？鼻喷雾剂的剂量应是多少？要在床上安装防坠落保护装置？面对所有这些问题，我会去想，如果我匆忙做出决定，很可能会给小老虎带来巨大的危险，所以我想更谨慎地权衡利弊。对我来说，这意味着我必须经常要制止小老虎爸爸的各种务实行为和规避让人痛苦的决策过程。对我们俩来说，这意味着在日常生活中免不了经常发生冲突和进行谈判。

争吵，悄然而至！

我敢肯定，我们俩有时都会濒临崩溃。我们都不止一次地想过，我俩会分道扬镳。我们从来没有像在怀孕期间、产褥期以及产后度过的那个冬季那样，如此地形影不离，这些时光比以前更加漫长、灰暗和沉闷。在我们成年后的生活中，从未经历过如此强烈的依赖。很难想象，就在一年前，我们的生活还是完全不同的：我们来来回回地穿梭在位于两个繁华街区的两套房子之间。为了应对我们的现实需求，我们两人活力满满，生活在不断地变化。虽然我们一直同床共枕，但由于其中一人经常要出差，所以我们时不时就要分开几周。而当我们有了宝宝后，我们的生活与从前形成了巨大的反差。

争执最激烈的时候，我们都出现了身体不适。我的健康状况一直没有好转，几个月后，作为一个新手爸爸，小老虎爸爸的身体也出现问题了。他没日没夜地照顾我和小老虎，长时间地抱着小老虎，再加上睡眠严重不足，他也累垮了。身体上的疲惫，让我们变得敏感、脆弱，两人之间的冲突在转瞬之间就会升级爆发。一个导火索接着一个导火索，越是没有意义的话题，争吵就越激烈。

与此同时，争吵的频率和强度正在降低。争吵最激烈的那个阶段似乎已经过去了。虽然现在我们还是经常会争吵，不过不会那么激烈了。但总有一些话题会引发冲突，就像教科书里列举的一样：对“心理负担”这个关键词的讨论、对整洁的要求、财务，以及如何公平地分配各自的时间，这些都会是我们的话题。一方面，这些话题很经典，不只发生在我们俩身上，这让人很欣慰；另一方面，我们也会因此而感到不安，这些话题导致我们之间发生了许许多多冲突。宝宝出生后的第一年，对于我们来说，绝对是一场压力测试，不过我们并没有交上一份满意的答卷，没有被奖励小星星，也没有拿到奖状，但至少我们有一张参与证书！

“家庭文化”对阵“产后文化”

我和家人的关系非常亲密，小老虎的到来也没有从根本上改变这种关系。如果说有什么变化的话，那就是因为小老虎的到来，我们之间的联系变得更加紧密了。不过，我们首先必须适应彼此的关系，尤其是与新家庭成员的关系。在小老虎出生后的最初几个月里，我们全新的生活节奏及我们的关系就已经基本确定下来了。实际上，我原本应该可以预见并消除我们之间的那些小小的绊脚石。虽然我们彼此了解，但在某种程度上，我们仍需在新的家庭角色中重新认识对方。

在孕晚期，得知自己家族的人在分娩过程中，基本上没有出现过并发症，这让我很受鼓舞，让我对分娩充满信心。然而，在关于分娩的叙述之后，故事就结束了。新生儿和婴幼儿的生活是什么样的，我只能靠自己的体验去观察。在我的印象中，生活发生了翻天覆地的变化，但仍然是正常的：是有了孩子的正常生活。在生完孩子后，我家的女人们好像又能重新“掌控生活”，然后就是能够养育孩子。她们都是如此坚强。在我母亲那一代，她们还可能会在医院里直接接待来访者。当我姐姐第一次宫缩时，全家人都已经收拾好行装，并在很短的时间内赶到医院，为了迎接新的家庭成员和支持这个小家庭。怀揣着这样的憧憬，我也进入到怀孕和分娩的阶段了。

然而，在怀孕期间，我有一种隐隐的预感，有些事情会与我从家庭故事和经历中了解到的不同。随着分娩日期的临近，身体各个部分开始了某种释放的过程，某些部位会伴有疼痛。分娩后何时允许探视的这个问题已经把我逼进了死胡同。宝宝出生前的日子里，我关心的只有未出生的孩子和我自己的感受，以及关心分娩过程，关心和宝宝的彼此了解，关心当下的感受。分娩过后，我正在前往我的“孕产小窝”——我想象中的隐秘之地，我的内心不愿受到任何干扰。尽管我尽了最大努力，但我仍无法接受在宝宝出生后不久就接待来访者的想法，即使是对我来说非常重要的人。我想和小老虎一起进入我们的“孕产小窝”，只有我的伴侣可以加入进来。我想要的只是安静。

“让自己远离喧嚣的环境”这一决定对我自己和我们三个人来说都是正确的，让我们有一个美好的产后体验，并在分娩后的最初几周里一直伴随着我们。这个“孕产小窝”是我们的清静之所。在这里，小老虎出生了；在这里，我们一家三口度过了全新的、美好的温馨时光；在这里，我的伴侣一个月来每天早上都会给我送来凝乳果酱早餐。这是一个休憩、停留和重生的地方，我想从这里开始一点一点地开启我的新生活。我们的“孕产小窝”也是一个无形之地：它的意义我很清楚，而外人却完全看不见。

我从家人那里听不到任何关于产后的故事，而且我认为我们家中的任何一名女性都不曾坚持 6 至 8 周的产后休息时间。因此，我对这段时间里需要安静休息的强烈渴望反而让众人很惊讶。因此，由于分娩两周后家人的来访，我在“孕产小窝”的休息只得暂停：我只能或是坐在餐桌旁，或是去散步，或是在游乐场消磨时间。我们拍了全家福，然后去了餐馆。这些都是第一次和小老虎一起度过的美好而激动的时刻，也是以前的我认为完全正常的活动。这些都是我想参加的活动，是我过去非常了解并喜欢的活动，我参加是因为我想与家人共享时光。然而我总觉得有些不对劲。在我的内心深处，我觉得离开我的“孕产小窝”是不对的，同时我也觉得我的身体还不足以让我走出家门。但我无法接受这些感觉，也无法采取相应的行动。我想跟随家人，与此同时打消过早地让小老虎离开“孕产小窝”的念头。长达五天的来访结束后，我回到了我们的“孕产小窝”，用激光护理了一下乳头，然后就睡了。

来自含羞草女士的问候！

坦率地说，我一直属于核心家庭中的“敏感一族”。相较于其他人，我更容易被言语伤害，更容易被激怒，更孤僻，也更容易情绪化。自怀孕以来，我变得越来越敏感。尤其是在宝宝出生后的头几个月里，我特容易受到各种影响。这导致我和家人的关系变得越来越紧张，家人无法按照我希望的方式来对我作出回应。我极少为自己辩解，甚至连我自己都无法确定自身处境，所以在那段时间里我一直都处于高度敏感的状态。

在小老虎出生后的第 3 周，我和小老虎因为一次热闹的家庭探访而患上了感冒，尽管我知道与更严重的疾病相比，感冒是很平常的事，而且当时我也理性地意识到了这一点，但对我来说就像是世界末日。当感冒的症状逐渐显现出来时，我记得我呆呆地坐在床上，同时怀揣着希望和绝望。在这个时候，患上感冒真是太要命了。我的身体本就一团糟，感冒让我的身体更吃不消了。小老虎不能正常喝奶，每吸吮一口母乳对他来说都更费劲，这也加剧了我的哺乳疼痛。我和他一起备受折磨。我自己的咳嗽非常严重，以致我本已严重虚弱的盆底变得更加疼痛，即使躺着也于事无补。我还联系了两名助产士和一名哺乳顾问，她们来家里看望我，我真的不想把感冒传染给她们。况且当时正处于病毒大流行期间，我不想传染给每天都要面对孕妇和新生儿的医护人员。即便在大约两年后的现在，我也不认为感冒是一种普通的感染。在康复的早期阶段，我的身体所承受的一切变得更糟了。我让还未满月的宝宝直接暴露在感染之下，没能很好地保护他，这让我感到很内疚。面对整个世界的沦陷，我孤身作战。在外人看来这只不过是一种简单的、普通的、不值一提的感染，至少我的主观感受是这样的，这让我很绝望。然而，我无力说明，也无力解释和罗列出普通感冒对我们造成的一系列后果。我的家人已经离开了，可能带着对我和我乖僻性格的再一次惊讶。

这场敏感冲突的高潮发生在圣诞节的家庭庆祝活动上。每年我们都会在父母家团聚几天，一起过节。这次我带着小老虎，因此对我来说不同以往。我的家人已经为宝宝的到来做了充分的准备，这些天我们什么都不缺，除了安静。我一直在找寻一个安静的地方，其间家人的细微动作听起来就像是大面积的装修工程。难道他们都没有注意到我正要陪宝宝睡觉吗？一开始，当孩子们在隔壁玩耍时，让小老虎入睡对我来说是一项艰巨的任务。我心爱的侄女们一直是我最珍视、认为最值得保护的人，我以前从来没有觉得她们有任何噪声困扰过我。现在突然有了一个全新的、更小的我必须保护的人。这一切都变得如此不协调，让我感到非常无助。

当时，房屋里出现正常的噪声也会让我受不了。这对我来说已经很过分了。小老虎用尖叫声回应了晚上的各种刺激，也让我抓狂不已。我们在极度的平静中生活了十个月。在我们三人平时的生活中，他从未在晚上发出过这样的尖叫声。在回程的路上，我向小老虎的爸爸发誓：明年圣诞节我们一定要找个单独的住处！一年后，我们又与家人团聚过圣诞节了。我当时的坚决想法也已被遗忘。这次还是有这么多人，仍然很吵、很热闹、很拥挤。然而，这与我在成为母亲的第一年所经历的圣诞节仍是无法比拟的。现在我能够逐渐回归自我的中心了，可以更好地应对这些小挑战，并享受与家人在一起的时光。

家庭惯例

我的家人在养育婴儿方面经验丰富。几年乃至几十年来，我们家族已经形成了一定的惯例、策略和习惯。其中有些适合我们的小家，有些则不然。我花费了很多精力来质疑这些既定的策略和习惯。例如，我用了几个月的时间才第一次意识到婴儿车根本不适合小老虎，他是一个需要一直抱着的宝宝。但是，在我的家族历史上，最美妙的婴儿睡眠都是在婴儿车中进行的，所以我怎么可能在一开始就得出这样的结论呢？如果这在过去一直适用于其他婴儿，为什么现在对我们就不行呢？每一次都像是在两个平行宇宙间的旅行。我们三个人在家的时候，小老虎睡觉时要么紧贴我的心脏，要么贴着他爸爸的心脏，别的方法都行不通。然而，当我去看望父母时，婴儿的世界突然显得不一样了。我害怕因为自我怀疑或质疑他们的行为而伤害到他们，这在一开始阻止了我坚持自己的想法。怀着美好的愿望，也为了让一直照看宝宝的妈妈至少有一个半小时的放松，我的家人们一次又一次地尝试将小老虎放入婴儿车，但无论是摇曳的车篮还是美妙的音乐盒都无济于事。几十年来屡试不爽的、力求在每一个细节上都做到精确的“婴儿车原理”，最终在小老虎身上失效了。

与此同时，我已经能够将自己的育儿理论付诸实践，并且更好地决定哪些原则我不能偏离，哪些习惯我可以用其他方式进行尝试。但要做到这一点，我首先必须认清自己，听从我的直觉，多反思、多质疑、多观察。与此同时，我可以直截了当地说出来，而不用拐弯抹角。另外，我敢肯定家里的每一位妈妈都曾在某个时候感觉到她的情况有所不同。当时，她们也曾质疑过自己和家人的习惯。家族的日常生活和传承习惯是逐步发展形成的，恰好适合他们那个时代的婴儿。现在，我不再为某些事情“不同”或“不行”而难过，而是乐于将自己的关注点积极地传递给家人，这样我们可以积累新的体验。就像家里的每个宝宝和孩子一样，我们也可以从小老虎身上学到很多东西。

我是谁？这里还有谁？

（本部分内容由思文佳·克莱默尔撰写）

在初为人母的阶段，人际关系层面的变化对我来说尤为重要，因为除了我之外，还有其他人直接参与育儿的过程。所以我感受到的不仅仅是自己，还有对身边人的责任。因此，这不只关乎我要面对自己的新体验或未知感受。更重要的是，那些与我关系亲近的人，也是整个育儿系统的一部分，我和他们互相影响。我的 30 岁生日是和大约 120 个人在柏林的一家酒吧里度过的。喧嚣、约会、密集交流、周末旅行、亲密接触、我信任的人……所有这些都曾是我生活的重要组成部分。随着我们双胞胎宝宝的出生，人际关系层面发生了很多变化。剧透一下：我已经在脑海中计划我的 40 岁生日派对了，可能会比 30 岁生日的庆祝规模要小一些。

妈妈们消失去了哪里?

她们不见了！我的两个女性朋友比我早十年有了孩子，那时我们才 20 多岁，世界看起来也大不相同。她们带着刚出生的宝宝消失了数月甚至数年。我试着去了解她们后来的情况，也试着进行换位思考。例如，聚会经常是在朋友家里举行的，有时是周六早上 8 点的早餐会。我记得是那样，但现在回想起来，我认为我们的生活其实已经相距甚远。我不太明白她们当时的处境：惊讶于她们在打电话的同时与宝宝说话；惊讶于她们来参加早餐会时已经吃过早餐了，因为她们的一天从早上 6 点就开始了；惊讶于她们没有更多的注意力可以分配给其他的一切；惊讶于她们无法灵活地安排聚会的地点。但是在将近十年后，当我自己加入妈妈俱乐部时，我突然明白了这一切。

我消失去了哪里?

直到我的双胞胎宝宝出生后大约九个月的那个夏天，我才有意识地想要重新定位自己，思考应该如何安排带着两个宝宝的日常生活。然后，我终于重新感觉到了自我，重新获得了一些安全感。在之前的九到十个月里，我一直在尝试着去实现外部设定的那些目标或期望，这也因为害怕社交身份的丧失，害怕失去朋友，害怕自己会成为那个在大众视野中消失的女人。这段时间我几乎没有关注过自己的内心。然而，那年夏天，这条路对我来说已经行不通了，为了满足外部设定的那些期望，我身心俱疲，无力应对。最后，我受够了这种超负荷的感受。慢慢地，我不想再努力地去理解外部环境的需求，一件事无论做与不做，我都不再需要别人的认可。在那之前，我觉得自己一直在妄想，试图在旧的身份中仍然魅力四射，同时以某种方式将其与我作为母亲的新角色相互协调起来。

我一直对自己抱有不切实际的期望。举个例子，我非常希望继续与其他三位女性朋友一起参加读书会。大约每三到四个月我们就会见面并讨论一本以前共读过的书。所幸其他三人的生活里事情也很多，时间也有限，所以我们已经把重点放在了阅读一些篇幅较短的书上，这对我非常适合。但是在双胞胎宝宝出生后，我连一本薄薄的书都无法细读、精读甚至完整地读完。在对读书会的地点和时间进行投票时，我感到强烈的内疚，因为在生完孩子的第一年里，我在时间上没有一点灵活度。最终我们在我家里见过两三次——我的压力越来越大，觉得不能再让所有事情都围着我转。这种情况下，一位朋友建议我们在公园或咖啡馆见面。理想很丰满：在一个温暖的夏日，坐在公园里铺好的毯子上或咖啡馆里，轻松地谈论一本好书。除此之外，我还以同样的方式想象了和宝宝们在一起的时光：坐在一家咖啡馆里，周围有我喜欢的朋友们陪伴。但是现实很骨感，完全是另一番景象。我知道，在这样的聚会上，我会谈论许多不相干的事情，但绝不是身心放松地谈论一本书。我们的双胞胎当时十个月大，有着强烈的活动欲望和探索欲望。让她俩和我只是待在咖啡馆里，那是根本不可能的。当时，她们的爬行技术进步得非常快，喜欢向各个方向移动，甚至还第一次尝试走路。她们什么东西都往嘴里放，包括长在草地上的蘑菇和柏林公园里的任何东西。如果已经受够了这种程度的探索，她们瞬间会变得很暴躁，想要让大人抱起来，带着她们环游世界。当然，主要是让妈妈抱，显而易见！另外，在公共场所同时给两个宝宝喂母乳也令人很不愉快。简而言之：除非我丈夫也在，否则公园对我来说毫无吸引力。我很快就受够了：我得不断地先从右边，然后从左边，接着又从右边，如此反复地把宝宝抱回身边。

通过这样的情形，我终于能够给自己定位。如果我不想辜负这些期望，无论这些期望是否被说出来过，甚至根本就不存在，对我来说都是巨大的压力。但是现在这个心结打开了，我敢于放手了，敢于正视自己并接受自己的极限。我决定告别读书会。迈出这一步，我能够更好地公平对待自己和两个孩子，这让我感到十分欣慰。

在过去的几个月里，我一遍又一遍地做过很多尝试。有时会涌起冲动，想要参与社交活动并正视它们。可能是为了保留旧念，也可能是为了给自己的其他部分提供养分。而现在到了回归自我的时刻，我想找出现在的真正意义。但最重要的是，我想认真总结我的经验和感受，明白什么行得通，什么行不通。

当然，并不是说今后一切都将以我为主。也许事情的第一步已经发生了，但如果它朝着相反的方向发展，那绝对是一种风险。现在我清楚我的极限所在，知道哪些事情对自己来说是力所能及的，也知道哪些事情对自己来说是力不从心的。在这个充满挑战的阶段，我不想强迫自己突破极限。对社交身份丧失的恐惧依然牢牢地控制着我。但是这种超负荷的感觉在我的情感世界里存在的时间已经太久了，我必须摆脱它。

妈妈们的友谊

在和我那些没有孩子或没有结婚的女性朋友交谈时，我们几乎不谈或只在有限的范围内谈论关于婴儿的话题，这一点很重要。我非常小心，总是着重谈论与她们的生活相关的话题。我甚至不确定自己是否做到了这一点。宝宝出生后的第一年，我总是睡不好觉，以致觉得一切都很困难。没有写下来的东西我都会忘记，总要查看以前的聊天记录，才能弄清楚我的女性朋友目前在谈论什么。在晚上 9 点之前打电话对我来说几乎是不可能的，因为在双胞胎身上投入一整天时间的我已经是筋疲力尽了，到夜晚来临之前我还有许多事情要做。有一次，我在日历中设置了一个提醒：几天后问一位好友与男友的关系进展得怎么样了。这听起来很荒谬！我觉得作为朋友我是失败的，现在居然要靠在手机上设置提醒来了解周围的亲友。从前相对容易的事情现在突然变得非常困难。无论愿意与否，我的注意力已经完全被两个孩子占据了。能和我两个心爱的女儿度过如此亲密的时光，我心生感激，但我几乎没有更多的精力顾及其他。

在成为母亲之前，我一直以为那些消失不见的女性朋友沉浸在一个粉红色的甜蜜仙境之中。我以为她们太爱自己的孩子了，以致外面的一切都不再重要。我以为她们很轻松，和孩子们在一起很快乐，所以其他的一切都不重要了。但那时我也会想："那又怎样？"即使我忙于很多杂事，但仍然能和好朋友保持社交。好吧，在有了更多经历和感受之后，我现在也变清醒了。我的眼里只有我的孩子们，我被她们迷住了，并且深深地爱上了她们。但同样真实的是，对她俩的巨大关注也让我在日常生活中感受到了大大小小的压力。我觉得除了把所有的时间都投入到宝宝们身上外，我别无选择。我以前是个社交狂，也从未想过要改变。我很想和女性朋友聊聊她们的一些日常话题，但我做不到，对此我很伤心。甚至在几个月后，我仍会想起这些，感觉自己出局了。我从未想过这一切会变得如此困难。现在，在宝宝出生两年后，问题逐渐消失，我也放松了下来。我和好友们的聚会又慢慢开始了（没带宝宝）。晚餐、早餐，以及无话不谈的电话聊天都再次成为可能。就像当时生活中发生的一些重大的变化一样，我与朋友们的关系也一度发生动摇和改变。

在这段时间，有些女性朋友一直亲密无间地陪伴着我，我非常感恩她们在远方对我的陪伴；有些女性朋友曾经一度稍稍疏远了我；有些女性朋友和我几乎同时进入了生育宝宝的阶段，我们之间的联系变得非常紧密。

有时我听到其他妈妈说："我不能只谈论尿布。"这里指的是所谓的"妈妈聚会"，其标题是"不要陷进去"。我对这些聚会的设想有些不同。我和朋友聚会从来都不是因为他或她也有孩子，但当时那些育有年龄相仿的宝宝的朋友，对我而言十分重要。还有一个女性朋友，是我在孕晚期参加孕妇运动课时认识的。

我需要身边的人对我的经历有所了解。她们同样感到疲惫，同样惊讶于生活的变化，以及拥有同样的疑问。对于这些疑问，我们希望一部分的答案是从实际出发，一部分则是个人主观经历的分享。我们无须解释何时、如何、在哪里见面。但是对午睡的时段或对聚会的轻松环境（例如适合儿童玩耍的客厅）的需求是不言自明的。交流对我很重要，因为在成为妈妈之前我没有接触过婴儿问题。我根本没有和婴儿打交道的经验，也对此不感兴趣。家里和熟人圈子里都没有宝宝。14 年前，当我最好的朋友生孩子后不久，我就搬到了 600 公里以外的地方。在宝宝出生后的第一年，我有很多疑问：要不要坚持母乳喂养，要不要给宝宝添加辅食，如何处理夫妻关系，如何与宝宝的祖父母交流，如何给宝宝防晒和御寒，如何选择合适的尿布，如何应对面临的各种挑战（如自己和宝宝睡眠不足，或者宝宝消化不良等）。时至今日，与其他爸爸妈妈谈论有关孩子的话题还是会让我获益良多。我喜欢借鉴熟人的经验来缩短自己决策的时间，诸如甄别优质的奶瓶和防晒霜生产商等。

与其他双胞胎父母的交流对我产生了很大的影响。老实说，直到那时我才觉得找到了知己，直到那时我才不需要为自己解释，直到那时我才不必为自己辩护，直到那时关于双胞胎的问题才有了直接有用的答案。我们就各种问题进行了几个月的交流。因为我是新手妈妈，实操技巧对我来说非常有价值。我必须从零开始重新认识，有些事情如果没有经验的传授我是绝对想不到的。

当我初为人母时，我非常担心自己不能像我希望的那样公平地对待我的女性朋友们。在这种情况下，不断加深的友谊对我来说非常重要。让我感到很惊讶的是，与其他妈妈（包括双胞胎的妈妈们）的接触对我来说是多么重要。在这一阶段的某些时刻，与其他妈妈结下的新友谊让我觉得非常亲切。

我的家庭

在第一次怀孕流产期间，我在给丈夫打完电话之后，紧接着就哭着给我的妈妈打了电话。这是我丈夫的建议，他觉得这会对我有帮助。那一刻我感觉这么做很正确。尤其当我处于低谷时，回到妈妈的护翼之下对我来说是非常正确且有帮助的。还有在我发现自己怀了双胞胎之后，我立即想到的交流对象也是我的妈妈。怀孕期间，我感觉与家人非常亲近，也充满了安全感。我会让他们密切地了解一些情况，所以我经常会与他们分享一些信息：我大肚子的照片、各种水果摆放在我肚子前的照片（用来模拟婴儿的大小)、超声检查的图像、宝宝的数据、孕周信息、分娩计划，以及我所知道的其他信息。在怀孕期间，我觉得自己和家人（尤其是我的母亲）的关系非常亲密。

我们的家人在日常生活大大小小的挑战中为我们提供了莫大的支持。我的公婆也住在柏林，在产后为我们提供了食品配送服务，不夸张地说，这让我们免于饿死。当我们为避免病毒感染而不外出时，当我们流鼻涕时，当我们在看顾婴儿、完成两份工作和家务之间忙得团团转时，他们也经常出手相助。我们曾经因病在家度过了非常艰难的一周，靠着各种剩饭剩菜和公婆拿来的冷冻食物才算活了下来。

我的家人住在大约 600 公里外的地方，我们经常见面，有短暂的相聚，也有长时间的探访。我的母亲在儿童跳蚤市场里来回奔波，为两个孩子置办各种衣服。尤其是当我需要八种不同类型的防水裤（有衬里、无衬里、日托用、在家穿……）的时候，我就会感慨我们的福气真好。在我怀孕期间，我父亲给我们公寓里的所有插座都安装了儿童安全装置，甚至连冰箱上方 2.3 米高的插座也装上了安全装置。在孩子们的记忆中，曾祖父母和姑姑可能永远与肥皂泡泡联系在一起，多么精彩的童年！我非常幸运孩子们生活中有祖父母、曾祖父母和叔叔阿姨们，她们可以在一个有许多成员的温馨家庭中成长。这些是我在成为母亲的历程中经历的积极而美好的时光。在我们的大家庭中，家人们相互支持，既可以彼此紧密联系，也可以保持独立。

夫妻关系

“希望下次我能睡得更久一点。”在一个星期天的早晨，我丈夫用这句有些暴躁的话向我问好。当时是早上 7 点 45 分，然而我和我的两个孩子早上 6 点 15 分就起床了。我们刚刚开始执行一个新的约定：我俩都可以在周末的某一天睡个懒觉。我很幸运地在前一天早上睡够了，现在轮到他了，但显然我没能很好地做到。在这句话语之后，我的情绪直接变得激动起来。上午在毫无意义的争吵中结束，情绪也随之低落。我自己也很奇怪为什么一句话就能让我崩溃。孩子们出生之后，我就很难接受这样的话语，我变得易怒，显然对我丈夫也不够包容，似乎我有限的耐心全部被用在了我作为妈妈的角色上。

夫妻关系的变化是自我们的孩子出生以来最明显的变化，因此，暂时还比较容易掌握，那么让我们看看，发生了什么？

晚餐时光和酒吧娱乐已经被在家中的沙发上度过的许多个夜晚所取代；山林间的周末旅行和健康假期也已改为“请别离开”；从市中心搬到一个拥有大型游乐场的居民社区；原先为私人活动和工作之余的专业项目保留的时间也都被宝宝们占据了。

当然，这种比较的方式有些夸张。但基本上，我们的生活在双胞胎出生后的第一年有了全新的开始。除了睡眠不足之外，我们还必须面对所有新的待办事项，包括非常琐碎的事情，如每天必须倒垃圾，否则尿布会占满家里的空间，或者家里总要存有足够数量的尿布和其他日常生活用品，等等。

在最初的几周里，因为我要频繁地喂母乳，所以我们的角色划分非常明确。我坐在沙发上，旁边是两个宝宝，她们或在喝奶或在睡觉，于是她们心满意足，大家皆大欢喜。我老公不断地被差来差去：买尿布，你还能去买点生活用品吗？垃圾必须倒掉；我们的体温计坏了，请到药房去看看；宝宝有红屁股了，我们急需氧化锌软膏；我有没有说过尿布没了；在这里取包裹，到那里寄包裹，还要从卖家那里自提二手物品……我很惊讶他居然毫无怨言地做了这一切。回想起来，那段时间是很艰难，但因为任务分配很清晰，实际上在某种程度上也还算轻松。同时因为是刚有宝宝的初期阶段，我们的能量储备相对充足。但当母乳喂养越来越多地被辅食取代时，情况发生了变化。我们经历了大约六个月的不眠之夜，宝宝们开始探索世界，睡在沙发上的时间也早已过去。角色分配和任务协商的阶段一直持续到宝宝出生两年半后的今天。当我或丈夫想要做出改变，当宝宝们的发育也有这方面的需求时，我们就会进入到角色分配和任务协商的新阶段。

在某个时间点，我终于开始觉得需要给自己一些自由。毕竟，我和这两个小家伙已经好几个月没有分开过了。尽管那段时间很美好，我也很爱她们，但总有某个时刻，我觉得应该开始关心自己了。在宝宝出生后的第一年，每周六上午的瑜伽课只能在一定程度上让我放松下来。和我产后的那段时间类似，我丈夫无法一个人同时照看两个孩子，他也必须逐渐适应这项任务，那段时间我们吵了很多次。当一个人疲劳过度，而另一个人又陷入沮丧时，问题就来了。

事实上，我和丈夫在孩子出生后的第一年里几乎没有分歧。这是多么罕见！毕竟，养育问题会引发许多分歧和争吵。在这些问题上，我们的方向基本上是一致的。当新的话题接踵而至时，我喜欢通过翻阅书籍来学习，或者与教育专家交流。我丈夫自己并不会做太多的研究，但他会以开放的心态倾听我的想法，他愿意去相信一些方法，这些方法或许我俩以前并不知道。所以从这个方面来看，这对我来说在一开始就是一个轻而易举的任务。如果我还得与丈夫就如何养育孩子的问题进行深入的探讨，甚至是发生争吵，那肯定会把我逼到崩溃的边缘，甚至情况会更糟。

当我还在怀孕的时候，我坚信我们会成为在所有事情上都享有平等权利的父母，但在接下来几个月的时间里，情况发生了一些变化。每个月，我作为妈妈所承担的责任都在增加。这就像一份工作，每周都会有更多的任务。一开始，你会钻研一个方向，并从中获得极大的乐趣。但任务会悄无声息地成倍增加。由于我已经做了最开始的事情，随后的任务也被直接归为其后续相关的事情，所以也全都由我先承担了下来。

喂奶，红屁股的急救，正确的湿巾品类，哪种尿布型号，是否、何时使用哪种安抚奶嘴，断奶，选择婴儿背带还是腰凳，婴儿辅食，让孩子住进自己的房间，防晒，儿科医生检查预约，接种疫苗，刷牙，第一双鞋，发育阶段，寻找儿童音乐课程，选择哪款自行车……这个清单可以列得很长很长。

“精神负担”一直是妈妈们之间流传的一个词。在我这里也不例外，这算是一个小小的恶性循环。我在最初的几个月里通过阅读、交流、研究努力获得的各种专业知识和关键数据（例如新物品采购）对我来说都很重要。健康的防晒、后向式儿童座椅、环保的皮鞋……不涉足这些话题对我而言越来越难，因为我也乐在其中，但压力确实太大了。我丈夫特意承担了为汽车采购新儿童座椅的任务，并订购了两个座椅。它们看起来很不错，测试效果也很好。但我发现，宝宝坐在里面并不舒服，头枕位置设计得非常不合理。宝宝低头时，脖子总是被压得很低。孩子尚在婴儿阶段，我对一些事情非常挑剔。后来，我丈夫把两个巨大的座椅抬回了后备箱，并带回了邮局。我重新做了一些研究，并订购了新的座椅。写到这里，我不禁摇了摇头。因为连我自己都不敢相信曾经发生过这样的事情。

无论如何，就像我说的，到目前为止并不存在什么导致我们之间发生冲突的主要原因。我和丈夫的争吵之所以会迅速升级，完全是因为双方在沟通时言语过于冷漠，不会考虑对方的感受。自为人父母以来，我们俩就像一本没有封面的图书，一只没有壳的蜗牛，一只没有刺的刺猬。许多事情都让我们备受打击。我们既是世界上最幸福的父母，也是最疲惫的父母。我们有时也会感到沮丧。这些都为因错误的语气或措辞而导致的争吵的迅速升级创造了温床。以前的那些无关紧要的琐事（如究竟应该什么时间倒垃圾）突然变得重要了。这些争吵使我们的能量消耗殆尽，接下来会发生什么呢？

这一刻我往往感觉事情大到无法控制，就好比开车撞到了墙，或者在悬崖边无法紧急刹车。在这些情绪激动的时刻，几乎不会有什么清晰的思路。就像一个人无助地坐在井底，等待着从上面伸下来的救命绳索，而没有通过附近的螺旋楼梯爬到上面来。

在初为人母的阶段，我发现自己总是容易多想。如果与丈夫的关系出了问题，我和我的孩子该去哪里？太可怕了！不是吗？我在书中考证有关这个阶段的知识，我的感受和经历被验证了。书上说，情绪高涨时会更兴奋，处于低谷时会更低落，情绪强烈起伏，一切都会变得更加极端。成为妈妈之后，我的情绪每分钟都可能会发生变化，既充满了对宝宝们难以形容的爱和牵挂，也体验了与丈夫的亲密关系和幸福感。然而，在另一些时刻，我却是以泪洗面或陷入绝望。这种过山车似的感觉有时会让我联想到青春期。

在我的夫妻关系中，还出现了一个自成年以来就没出现过的问题：性生活。或者更准确地说，更像是没有性生活这个问题。我们在回归性生活的旅程中，一路上走走停停。一开始，性生活对我来说不是问题，无论哪天对我来说都不是问题。第一次尝试之后，随之而来的是疼痛，接着是一段更长时间的停顿。大约一年后，疼痛完全消失。在这之前的几个月里，我对性的担忧和想法几乎都是没有根据的。不，我不是从现在起在发生性关系时才感到疼痛的。不，我不是生完孩子就永远不能再发生性关系。最后，可能就像我的妇科医生说的那样：身体不是为了繁殖后代，就是为了生存。她对我微微一笑，轻轻耸了耸肩，然后又做了一个小小的补充：每个人都认为一切都应该迅速恢复正常。在宝宝出生后第一年，我确实觉得自己处于生存模式，筋疲力尽，处理了所有新情况，找到了自己作为妈妈的角色。一天下来我往往累瘫，只想上床睡觉。至于公寓、私人电话、日常待办事项清单……则是一片混乱，完全失去了往日的秩序。在我的生活中，几乎没有一个领域让我觉得自己跟上了时代的步伐。我总是处处落后，手忙脚乱。如何及何时才能够在这一片狼藉中心生愉悦感呢？

和孩子们在一起的时间越多，就会越少地关注自己的身体。在与孩子们度过了一天之后，又是日常生活、家务、工作和孩子，又是做晚饭、洗衣服……晚上我把孩子们哄上床，这段时间里我一直扮演着妈妈、厨师、洗衣女工和职员的角色。我是如何带着所有这些称呼让我的孩子们上床睡觉，然后神奇地在晚上 8 点又精力充沛地从孩子们的房间里出来，这对我来说一直是个谜。

但一年后，这个问题就像妈妈模式中的许多话题一样，变得小了很多，然后会逐渐消失。仿佛一个起泡的沐浴球，一开始在水中看起来非常大，并且会发出很响的声音，以及尽可能地起泡、爆裂、噼啪作响，最后也都一点点地溶解了。现在你可以在浴缸里放松自己的身心了。

关于产后性行为的问题，网上有许多关于产后是否适宜进行性行为的疑问。我不知道是该笑还是该感到震惊，真的有人问这个问题吗？肯定有，因为新妈妈和新爸爸的经历就是会如此不同。

来自科学的声音

非洲有句谚语说，养育一个孩子需要整个村庄的努力。我们赖以生存的社会结构可能与这个村庄最接近。但是，随着孩子的出生，这种结构会改变。许多女性感觉到在成为母亲后人际关系层面出现了变化。现有的关系被重新定位。例如，一些关系可以变得更加稳固，成为重要的支持资源。孕期也是一个结交新朋友的阶段，例如与其他母亲交流想法。与自己父母的关系中增添了新的组成部分，因为他们已经成为祖父母。自己童年的记忆和经历再次浮现，需要以新的方式来加以审视和梳理。结果往往需要澄清事实，甚至引发冲突。尤其是在宝宝出生后的第一年，许多女性会特别强烈地注意到与伴侣关系的变化。对父母而言，对宝宝共同的爱和那些难忘的时刻是无可替代的经历，但同时也经常会出现全新的潜在冲突。

与自己母亲的关系

科学家们一致认为，荷尔蒙的变化会对孕妇的感受产生深远的影响。这可能导致孕妇更加关注自己及未出生婴儿的健康和安全。在许多情况下，女性渴望从伴侣和母亲那里得到支持和安全感。因此，在怀孕和成为母亲的过程中，自己与母亲的关系就显得尤为重要。在成为母亲的这一充满不确定性的阶段，这关系到支持准妈妈的自信心，并给予其引导和鼓励。自己的母亲往往是承担这一角色的核心人物之一。

准妈妈在婴儿时期的经历也变得越来越重要。正如心理学家凯特·巴贝廷所说，在分娩过程中女性会释放出她们自己出生时所经历的那种荷尔蒙，也就释放出与婴儿时期相同的基本需求。有了这些知识，自己母亲的角色就有了非常特殊的意义。如果一个女性与她的母亲有着特别亲密的关系，那么这种亲密关系会因为她自己孩子的出生而得到加强。分娩后，女性可能会像婴儿时期一样脆弱和需要帮助。

在分娩后的几个月里（甚至几年里），与自己母亲的关系对女性来说可能具有另一种意义：女性经历了一次“重新开始”，作为母亲重新体验自己的童年时代。她们会重复自己在婴儿或儿童时期经历过的美好事物，并希望让所有的事情变得“更好”。如果与自己的母亲关系不好，那么她们就会努力塑造理想的母亲形象。在她们经历了成为母亲的挑战后，也会更好地理解自己的母亲。无论何种情况，自己的母亲或理想的母亲形象似乎对当妈妈的女性来说越来越重要。

我与原生家庭和姻亲家庭的关系发生了巨大的变化。我必须学会设定界限，更清楚地表达和保护我与我的孩子的愿望和需求。因此，我必须接受我可能会冒犯到某些人的事实。为了最终能够一点一点地修复我与母亲的关系，拉开与母亲之间的距离是一件特别令人紧张和具有挑战性的事情。（伊冯，有 2 个孩子，分别为 2 岁和 3 个月大）

在与我母亲的关系中，我学到了很多。她可能从来没对自己下过功夫，但我们现在必须一起做这件事。我们正在努力，让她也有能力并且有意愿改善我们之间的关系。这并不容易，但很值得。在我有孩子之前，我从未想过童年给我留下了哪些印记，现在又影响了我的孩子们。我不得不经常反思自己，找出事情触动我的原因。（珍妮，有 2 个孩子，分别为 4 岁和 8 个月大）

自己的父母现已成为祖父母

突然间，父母成了祖父母。他们对此有何感受？他们的任务是什么？他们和孙辈一起做些什么？这些问题的答案因祖父母而异。另外，祖父母的任务和自我形象并不是孤立形成的，而是在与孩子父母的协商中形成的。新父母与祖父母的关系也随着新家庭成员的到来而发生了变化。这些新角色，包括新的沟通结构，还有待发展，这也是在做母亲阶段出现各种挑战的一部分原因。旧的冲突可能会再次出现，困难的沟通模式会让彼此难以相处。

相较于早期对祖父母角色的研究，现在对286位祖父母进行深入访谈所得到的结果是很有意义的。在这项研究中，祖父母的身份有五个维度的含义。

一、祖父母角色的中心性：祖父母身份在祖父母现阶段的生活中占据着核心地位。生活可能在很大程度上是围绕孙辈展开的，他们可以占用相应的时间和精力。

二、老年人的价值：研究发现，通过祖父母的身份，老年人的角色被赋予了价值，并得到了社会的认可。这也意味着，成为祖父母，以及在日常生活中扮演祖父母的角色，具有重要的意义。

三、通过世代相传，实现不朽：孙辈的出现，使家族的连续性变得可见，并且有证据表明，生命通过子孙后代得以延续。一方面明确了个人生命的有限性，另一方面也消解了生命的有限性。

四、重温过去：祖父母的经历打开了与自己童年或为人父母经历的联系，以前生命中的重要阶段被重新发现、聚焦或完善。

五、宽容：祖父母对孙辈非常宽容，甚至可以说是娇惯，这也使祖父母对孙辈承担的责任有别于父母对子女承担的养育责任。在祖父母扮演的角色中，他们可以充分地享受与孙辈一起生活时的快乐时光，而应对各种挑战则被视为父母应当承担的责任。

这一描述非常突出地表明了祖父母对孙辈的态度。此外，也唤起了许多祖父母对自己过去的回忆。这会对孙辈和他们的父母产生相应的影响，从而影响整个家庭系统。

与此同时，新妈妈首先要面对新角色带来的各种全新的变化。祖父母的期望对于新妈妈来说可能是相当具有挑战性的。其中包括祖父母的愿望，例如将孙辈融入他们的生活中心，或者由于祖父母生命的有限性而出现的特定问题。在成为母亲的阶段，女性自然而然地要面对和处理自己与父母的关系和童年的经历。根据与父母关系的好坏，这可能很美好，也可能很艰难。

同时，祖父母可以成为新父母的重要资源，也是新妈妈的宝贵助力。发展心理学家佩里格 - 基耶洛（Perrig-Chiello）教授强调，内部团结是所有家庭成员福祉的核心前提。她指出，祖父母的投入对所有参与者都有好处：祖父母是孙辈的重要资源，父母在育儿方面可以依靠祖父母（这具有不可估量的价值），同时祖父母自己在老年阶段也体验到一项有意义的任务。佩里格 - 基耶洛对研究进行了总结，发现祖父母正在越来越多地发挥积极作用，他们通常被孙辈评价为充满爱心、善于交际、宽容、慷慨和幽默。

在休育儿假期间，我与父母的关系也发生了变化。在成为母亲之前，我经常回到故乡，和他们保持电话联系。但有孩子之后因为我没有太多的时间，所以有时会感到内疚。我注意到，把精力集中在自己的小家庭上对我来说或许更好。我没有很多富余的精力，这也是一个学习的过程。现在我的儿子长大了，有时他会主动和外祖母通电话，我感到很高兴，可以和大家庭共度美好时光，而且我的儿子也很喜欢这样。（芬妮，有1个孩子，1岁5个月大）

孩子的出生及对待孩子的方式在多大程度上取决于自己童年时习得的教养模式，有时这些模式会被自动唤醒，我要是能事先知道这些就好了！有时我觉得我好像我父亲在说话。其中，也包括如何看待自己的童年和成长经历，以及对父母和公婆的重新评价。我不知道成为母亲的经历会给对抗和疏离的情绪带来多么广泛的影响。（安妮，有2个孩子，分别为4岁9个月大和7个月大）

新旧友谊

在公众面前，母亲的形象有时会被描绘成这样：她总是随叫随到、充满爱心、永远快乐，并且把孩子的需要放在自己的需要之前。几乎在所有情况下，满足这些标准只会让女性变得精疲力竭和感到极大的愤怒。迟早有一天，许多母亲会质疑这种不切实际且无法实现的母亲形象，并设法弄清对自我的定义，对自己角色的理解及自己作为母亲的形象。在这个过程中，与其他值得信任和尊敬的母亲进行交谈，对于应对做母亲的复杂感受非常重要。

关系层面的变化伴随着对现有关系的重新评估。当然，在这个过程中，与朋友或伴侣的关系也受到了质疑。令一些女性困惑的是，和现有的老朋友相比，她们有时感觉和新交的同为妈妈的朋友更为亲近。由于新创建的家庭体系发生了变化，这点是完全可以理解的。与处境相似的人交流，有助于新妈妈们应对动态的变化，其中每个人都必须找到一个新的定位。她们可以讨论日常生活中的话题和内容。例如，为了让一个家庭能够在整体上适应新的生活环境，对夫妻关系的思考是非常有益的。在一次圆桌会议中，亚历珊德拉·萨克斯还谈到了社交互动的相关意义。根据亚历珊德拉·萨克斯的观点，与新朋友交流共同经历的基础是双方都处在相似的生活阶段。然而，除了这些同为妈妈的新朋友外，她还强调了与老朋友保持联系的重要性，即使她们没有孩子。与信任的朋友或妈妈之间的交流，对一些女性应对刚当妈妈时的变化有很大的帮助，她们可以与志同道合的人讨论新的感受及关于婴儿、家庭或日常生活的话题。

2012 年，一项针对 39 位瑞典母亲的研究探讨了友谊对单身母亲的重要意义。尤其是当母亲们与自己的家庭没有密切联系或住在离家人很远的地方时，友谊就变得非常重要。对这些女性来说，亲近朋友和定期参加活动是非常有必要的。日常生活至关重要。对这一目标群体而言，朋友是应对日常挑战的重要帮手，也是作为母亲的情感支持。

因为居住地的不同，加上时间可能不凑巧，所以并不是每个新手妈妈都有机会与其他母亲建立新的联系。在这种情况下，社交网络为交流思想、获取信息和社会支持提供了可能性。现在有无数的博客、Instagram 账号、论坛，以及会员制的在线妈妈或父母互助网络，这些都被广泛地使用。尽管社交网络具有优势，但也存在着将自己与其他母亲或父亲进行比较的风险，而且社会比较会产生广泛的正面或负面情绪。土耳其的一项研究对 43 名有一个或两个孩子的女性进行了调查，了解由于社会比较而产生的母亲的内在感受及其形成过程。研究团队指出，这样的比较会从两种不同的角度进行，“适应”或者是“对比”。如果从适应的角度，结合观察到的不同情况是否也会发生在自己身上，会产生积极和消极的意义。往好了说，可以产生灵感或乐观情绪；往坏了说，可能产生恐惧或怜悯。如果从对比的角度，则会产生两种相互对立的情况。一位母亲在社交媒体上将自己的处境与另一位母亲进行比较。如果以所谓向上比较为导向，即另一位母亲的情况“更好”，这种比较导致人们关注自己和比较者之间的差异，结果会出现诸如嫉妒或失望之类的负面情绪。如果以所谓向下比较为导向，即另一位母亲的情况“更糟”，那么自己和比较者之间也会有区别。这时，人们对幸好自己没有处在另一个人的处境产生了宽慰或积极的想法。研究表明，接受调研的母亲在使用社交媒体后可以表现出不同方向的情绪。负面情绪有时与选定的比较者或个人话题有关，例如看到他人的度假生活或更整洁的公寓。而当女性以他人为榜样，并改善自己的日常生活时，就会形成积极的观点。

一起第一次怀孕，差不多在同一时间有了第二个孩子，又在同一时间结婚，这是非常紧密的联系。如果能有一个人和你相处融洽并分享这些经历，那真的太好了。全新的友谊得到了加强，因为我们曾互相祝贺孩子的出生，或者共同回忆起了怀孕期间的情谊。（韦布克，有 3 个孩子，分别为 6 岁、4 岁和 1 岁）

我有一个好朋友，她生孩子比我生孩子要早一些。但直到我成为母亲，她才开始和我谈论她的经历，也直到那时我才对这些故事持开放态度，真的好神奇！（卡琳，有 2 个孩子，分别为 7 岁和 5 岁）

就我的朋友圈而言，我不得不说，有了孩子后，我不再像之前一样经常被邀请参加一些活动。即使某些活动在生完孩子后不能立即参加，但想到这一点还是让我感觉有点伤心。（图巴，有1个孩子，6个月大）

伴侣关系有新变化?

随着婴儿的出生，伴侣关系上升为家庭关系，并受到母亲身份的影响，往往是关系结构中的一大变化。

在许多情况下，这些变化带来了挑战。母亲们对自己身体的看法与以往不同，感觉也发生了翻天覆地的变化，睡眠严重不足，可能还有其他问题，比如为孩子担负着重大责任。所有这些都可能从根本上影响或动摇伴侣关系。

此外，还有母亲对孩子深深的爱，以及催产素、多巴胺和催乳素对女性大脑的影响。因此，在许多情况下，母亲对伴侣的渴望会减少，因为与宝宝的相处已经极大地满足了这种情感需求。除了身体上的变化外，角色的转变也对伴侣关系产生了巨大的影响。孩子出生后，夫妻双方经历了一个从伴侣身份到家庭身份的转变，包括角色分配、任务分工、对彼此的看法等问题，这些都会因为新的角色（父亲或母亲）而发生变化。

亚历珊德拉·萨克斯建议夫妻双方保持现有的生活习惯和活动。她没有深入探讨与此相关的困难之处。毕竟，如果没有人协助照看婴儿，又该如何维持现有的日常活动，比如每周打一场乒乓球？关于伴侣关系和现有的一般关系，她说有意识地关注自己和他人是非常重要的。否则，照顾婴儿很容易耗尽所有资源，留给自己和他人的情感和体力所剩无几。

为人父母后，伴侣关系发生了什么变化？伴侣对你的哪些支持特别有帮助？你会给未来的父亲什么建议？来自澳大利亚的两位研究人员向母亲们提出了这些问题。所有接受采访的女性都认为，成为母亲的经历是一个充满喜悦和挑战的过程。与此同时，她们意识到自己的身份和家庭角色发生了变化。当伴侣积极地配合她们扮演的这一新角色时，她们会觉得母亲角色的转变过程是相当积极的。在养育孩子的过程中，伴侣通过倾听、同情、鼓励和投入的方式来陪伴和配合，是很有帮助的。当父母作为一个团队一起分担家务和育儿任务时，就会产生特别积极的效果。同时，可以积极体验为人父母后的变化。例如，平等的父母身份、基于需求的相互支持，以及父母双方都有休息的可能性。该研究侧重于积极的伴侣支持，并以帮助父母顺利踏上为人父母之旅为目标。当然，该研究也存在不足，在论及诸如平等的父母身份这样的主题时篇幅过于简短，而且也并没有很好地阐述所面临的具体挑战。

在发表于《纽约时报》的一篇文章中，克里斯蒂娜·卡伦（Christina Caron）讨论了女性在生完孩子后如何与伴侣相处。通常人们会推迟时间来重新处理伴侣关系。当然，其间经常会出现一些短时间内更重要的事，如孩子感冒了，或者更换了日托中心。

通常，夫妻过着平行但又各自独立的生活，最终他们意识到彼此不再有任何共同点了。但重要的是，无论如何都要从一些共同点开始。等待“更多时间”是不值得的，因为孩子们占用的时间不会因此而减少。尽管需求会发生变化，但对父母的要求是相同的。

是否过性生活也是一个具有挑战性的话题。从医学角度来看，部分女性在产后六周左右就可以重新有性生活。然而从那时起，“不得不”再次发生性行为的压力也可能出现。与此同时，先前怀孕的身体就像新的一样，性欲可能已经大大下降。亚历珊德拉·萨克斯说，一个女人应该遵从自己的内心，了解自己的真实需求。在她看来，自我关注应该是重点。例如，一个女人应该自问，她是更喜欢运动，还是更喜欢和伴侣谈论有压力的话题，或者两者兼而有之。重点是女性是否给自己留有足够的时间，以及知道需要什么，然后才能重新唤起自己的性欲。

澳大利亚研究人员就女性在怀孕、分娩和初为人母期间对性、性关系和亲密关系的体验变化进行了一项研究。研究人员对首次分娩后两年半到三年半之间的女性进行了访谈，对影响性生活和亲密关系的各种因素进行了分析。研究发现，身体能量的消耗殆尽、生活方式和角色的改变及与自身身体相关的问题都会对性欲和亲密关系造成影响。与此同时，由于性欲的改变，女性会感到失败和内疚。疲惫是所有受访女性的共同话题。她们都表示宁愿多睡一小时，也不愿与伴侣发生性关系。当女性谈到与性相关的变化时，她们认为角色的变化、灵活性和自由度的降低，以及几乎没有属于自己的时间，这些都是带来变化的重要原因。与此同时，再次发现自己的魅力，以及重拾对自己身体的信心，也至关重要。不够灵活和不够自由是这个阶段的典型特征。

成为母亲后，关系层面的变化可能是复杂而深远的。如前所述，这包括与自己的父母一起寻找新的角色，或者建立新的友谊等，尤其是随着孩子的出生，伴侣关系也会发生变化。所有这些对刚刚成为母亲的女性来说都极具挑战性，因为尤其是在这个时候，社会环境和伴侣应该成为非常重要的支持力量。最好的情况是，社会结构（“村庄”）会吸纳新的家庭。然而，与稳定的社会结构不同，人际关系更具渗透性。尤其是在做妈妈期间，如果人际关系出现冲突或不确定性，可能会在情感上给女性造成巨大的压力。在此期间疏远的朋友，要求过高的祖父母，以及对妻子全新的敏感个性无法感同身受的丈夫……在成为母亲的历程中，这一切可能会令人更加困惑。与此同时，人们经常观察到，当孩子稍微大一点的时候，这些关系会再次发生变化：妈妈们再次能够灵活支配时间，来培养友谊或思考各种关系。但此时，有一个重要的也是美妙的因素却被忽视了，即增加了一种全新的关系——母亲与自己孩子的亲子关系。

伴侣关系已然退居其次，重点是当好父母，这需要消耗大量的精力和时间。在养育子女的同时，你真的要学会创造资源才能维持伴侣之间的关系。我们做得很好。在只有我在家而我丈夫去上班的那段时间，情况变得有点复杂，因为我们的日常生活如此不同。而当我回去工作时，我们的角色变得更加一致，也有了新的投入。因为我们分担了更多的任务，因此我们能够更多地融入彼此的世界中。（艾玛，有 2 个孩子，分别为 5 岁和 2 岁）

我已经意识到：无论你做了多少思考和准备，生孩子（怀孕、分娩和产后的那段时间）都不是女性一个人的事。是的，我的伴侣很支持我。但他几乎不能替我做任何事情，当然，这也是因为我想要母乳喂养。我们原本是平等的伴侣关系，这反而成为最大的挑战，也是最令人沮丧的地方。我和我丈夫本来想以相同的比例（50∶50）来分配育儿假。由于我的新工作，我在分娩后五个月就回来上班了，而我老公则在家待了九个月。因此，正如我所说，生孩子不是女性一个人的事。（维拉，有 1 个孩子，4 个月大）

听听专家的说法

耶娜・弗里德里希：

我经常陪伴那些生活已经十分安定的女性。然而，仅仅因为社会的期望，生孩子就有可能让一对夫妇回到 20 世纪 50 年代。

出于多种原因，性也在发生变化，身体原因和心理原因都会起作用。其中一个原因是，这个需要如此多的拥抱和关注的小人儿已经消耗了女性的很多精力，以致在或长或短的一段时间里，她们不再想要拥有任何其他类型的亲密关系。许多女性经常告诉我，有时要过很长一段时间，她们才会再次感受到做某件事的兴趣。

父母和祖父母之间的关系变化，主要是出现在如何养育子女的问题上。经常会出现的一种情况是，祖父母想要纠正自己的孩子与他们的孩子之间的关系。

然而，从社会的角度看，我们在养育子女方面正朝着以需求为导向的方向发展。这意味着首先要满足婴儿的需求。孩子年龄越大，在家庭中的需求导向就越多。这种以需求为导向的养育模式有助于孩子在出生后的头几年里建立起对父母的信任。大多数家长都很难接受自己父母灌输的“旧的价值观”，比如宠爱孩子，对孩子娇生惯养等。这会给家庭关系带来压力，因为祖父母也会因为自己的育儿方式受到间接批评而感到难过。

汤娅·海因里希：

作为一名产科护士，我发现，新妈妈现在非常关心她的孩子和家人。如果女性朋友还没有孩子，没有经历过当妈妈的过程，有时会对这种变化缺乏理解，就会对已经当妈妈的好友敬而远之。人们常常期望朋友还是以前的朋友，但她已经成为母亲，这带来了许多变化。有时，这种变化超出了友谊所能承受的范围，所以女性在成为母亲的路上可能会非常孤独。

另一个大问题是，丈夫如何面对另一个非常需要帮助的人突然成为家庭成员这一事实。通常，丈夫希望得到妻子更多的关注，甚至会产生嫉妒。我认为许多父亲对每周 7 天、每天 24 小时照顾婴儿的真正含义缺乏清晰的认识。

作为一名产科护士，我几乎在每个家庭都能看到新手父母被自己的父母或公婆批评的情况，主要与新手父母和孩子的亲密关系有关。这在今天非常重要。我相信，父母（或公婆）将子女对待孩子的方式与他们以前为人父母的方式进行了比较，并察觉到了差异，因为这点在过去的几十年里已经发生了很大的变化。我认为，他们之所以批评这些不熟悉的新事物，是因为他们想要为自己的行为辩护。这种批评基本上会给所有新手父母带来更多的不安全感。

在职业层面成为母亲

工作对我们来说一直很重要，可以说是非常重要，也可以说是最重要的。那么现在呢？在生完孩子后一切都变了吗？只是在某种程度上的改变吧！因为有了孩子，妈妈的生活中有了全新的要求、愿望和需求。我们都在休产假和延长的育儿假，因此我们的职业生活发生了明显的变化。“职业”和“孩子”现在必须以某种方式调和，我们首先要找到解决办法，同时也要让自己感觉很合理。回到工作岗位后，正是日常工作中大大小小的那些调整向我们表明，我们在职业层面也经历了成为母亲的历程。

害怕“妈妈陷阱”

（本部分内容由思文佳·克莱默尔撰写）

谈到工作，我会不自觉地想到一件事：我的工作对我来说一直很重要。我总想正确快速地完成我的工作；我总喜欢参与一些重要的事项，获得归属感。我喜欢不断地去接触和熟悉新领域，最重要的是：学习、学习、再学习。说到我的职业定位，我会想到一直在工作中投入的三个因素：大量的时间、精力和价值归因。这一切都对我产生了非常积极的总体影响。我很少觉得工作是一种压力，它是我身份的重要组成部分。但现在我的身份在做母亲的过程中发生了改变并得到了拓展，这也在职业层面对我产生了影响。

我的职业经历

16 岁时，我就完成了银行业务的职业培训，很早就开始工作了。可是我总觉得这份职业并不适合我。尽管如此，我花了将近十年的时间才敢于去重新定位自己。多年后，我换了工作，离开了金融行业。冒着风险，我放弃了曾经觉得十分舒适的工作、住所、人际关系和居住环境，搬到了柏林，在一个完全不同的领域（成人教育 / 继续教育）攻读第二学位。学习成为我生活中的核心要素，现在我所学到的知识又用到了我的工作中。这段学习之旅是值得的，因为我终于在一个自己喜欢的领域里工作了。在那之后，我自己创业了，并攻读了博士学位，以及短暂地做过几份科研工作。我的经历比较丰富，经常会出差，以及完成不同的任务。尽管我非常喜欢这种自由的状态，但在某些时候它也让我筋疲力尽。然而在我生命的这个阶段，自由对我来说是首要的。与此同时，我也面临着因收入的不稳定而带来的不确定性，但在大约七年的时间里，我都可以很好地接受这种不确定性。然而，慢慢地，我觉得有必要稳定下来。无论是在私人生活还是工作上，我都想有归属感，想要被别人认可，渴望一份稳定的工作。后来，一个难得的工作机会让我重新被长期雇用。我享受在团队中工作，从属于一个机构，我学到了很多，并不断地获得了有意义的工作任务。这段时间，业务能力是我最看重的。我既要对项目和客户负责，还要处理新的课题。我对这份工作非常满意。当然，我的工作也很繁忙。在私人生活方面，我和丈夫也在往返于两个城市之间。之后，我搬回了柏林，从那时起，我经常往返于柏林和法兰克福之间。工作对我来说非常重要，正如我所说，工作是我身份的重要组成部分。

妈妈陷阱

鉴于工作一直是我身份的重要组成部分，所以一想到怀孕，我就会立刻联想到对工作的影响，这也就不足为奇了。顿时，我就会感到良心不安，对即将到来的项目、对我的客户、对我的老板心生愧疚。我总是计算着还可以工作多久，以及如何为短期的离开做出合理的规划。

我在 20 岁出头时开始了一份新工作（当时仍在一家银行上班），在第一天吃午饭时，我的经理对我说："我冒着经营风险雇用了你这名女职员。在你停服避孕药之前，你一定要告诉我。"这段经历如此深刻地烙印在我的记忆中，以至于我几乎可以一字不差地复述他的这句话。一方面，这句话本身就让我很吃惊；另一方面，我只能将愤怒藏在心中。我当时愣住了，小心翼翼地点了点头，然后轻声地说道：“现在对我来说这还不是什么问题。”

时代变了，以如此不专业的方式来处理这类问题，完全是因为此人的个人原因。尽管如此，我自己仍然深深地感到不安。相反，我现在的女上司是非常专业的，她可以说是一个战略榜样。她从未让我觉得怀孕是个问题。虽然她有其他的挑战要先解决，如任务的重新分配、人员的重新配置等，但从一开始听到我怀孕的消息时，她就为我感到高兴。我很欣赏她，但我也知道，不是每个人都会持有这种理解的态度。

由于我在第一次怀孕时流产，我有大约两周的时间丧失行为能力，当时正值两个年度交替之时。因此，我能够在休假期间和年终业务停滞期间处理并隐瞒这件事。有过这段经历，再加上医生对我高危双胞胎妊娠的陈述，让我很早就想把第二次怀孕的事告诉我的女上司。所以她从怀孕的第 9 周就参与进来，让我从一开始就觉得一切都会好起来的，不管接下来几周和几个月的情况如何。

现在回想起来，我意识到我获得这种支持是如此幸运。我没有立即被解雇，令我一下子轻松了不少。与此同时，我欣然接受了计划中的工作精简，将任务移交给了同事。在那段时间里，我既需要业务上的持续支持，也需要对可能的失败或不断变化的工作结构的理解。这是一个如同走钢丝一般的过程。但这正是我从她那里学到的。在我休产假之前，我仍然能够继续进行并参与那些激动人心的项目。渐渐地，其他同事也加入了进来，他们逐渐接手了我的工作。我从未因为被贴上“她怀孕了”的标签而遭到排斥。从长远来看，我的职业没有因为我个人的改变而中断，这对我来说是一次重要的经历。多年以来我对怀孕都有一种根深蒂固的担忧，这也是我在以前的工作环境中通过对其他母亲们的观察所形成的。因为休了很长一段时间育儿假的母亲们随时都有可能退出工作状态，她们往往只工作几个小时，而且经常是做一些辅助性的工作，而不参与重要的事务。一位同事曾将其描述为“妈妈陷阱”，我觉得非常贴切。对我来说，这个场景就像是位于走廊尽头的那个房间，我永远都不想走进去。

我又去了几次法兰克福，主持了项目会议。这次我特意给自己安排了更多的休息时间，以及足够的食物和饮料。我还选择了时间相对宽裕的火车中转方案，宁可多住一晚，也不愿早出晚归。我学会了对自己好一些。这些对我来说是全新的体验！工作不再是我的首选，这是因为生命中的另一个重要主题所带来的影响，而那个主题恰好拥有更高一点点的优先级。在孕中期，我感觉自己过得很好，并且乐在其中。在家工作，在新鲜空气中散步，与朋友见面，以及得到充分的休息。在这三个月里，我感到很自在，感觉自己拥有了超能力。

我记得在与女同事们交谈时，我宣布我想在休完九个月或十个月的产假后就重返工作岗位，还要重新承担绝大部分的工作量（可能是 80%），她们惊讶地瞪大了眼睛。不用说，如果我是一个男人，大家的反应会大不相同。我现在可以补充一点：在两个宝宝出生两年后的今天，我的说法可能会有所不同。毕竟，我无法想象在八九个月后就重新回来工作，或者说，我当时会觉得很遗憾，因为在这八九个月之后带两个孩子的任务变得轻松多了，我也在休育儿假期间度过了一段愉快的时光。

另一位只有少量工作时间的女同事提醒我说，一切都会变得不同。我的生活将与之前完全不同。她告诉我，这份工作对我来说将不再那么重要。当时，我感到非常生气：她怎么能这么说？那是什么意思？我怎能不生气！毕竟，她质疑了我以前身份中占主导位置的组成部分。她把自己的人生计划强加在我身上。这件事让我很害怕，我绝对不想要一个如此这般的母亲职业建设。

工作描述的变化

产假开始前 4 周，我在家里待着，完全不去公司了。其实在几周前，我已经居家办公了。我当时坐在沙发上，手里拿着笔记本电脑。这是我的女上司的建议，也是一个非常明智的决定。因此，作为一个处于孕晚期的怀了双胞胎的准妈妈，我挺过了炎热的夏天，身体感觉很好。这不仅让我受益，也让我的专业项目受益。

在分娩前的最后几周待在家里对我来说确实非常重要。我的行动越来越不便，午睡也越来越重要。我利用最后几周的时间好好休息了一下。我很感激德国的产妇保护条例！在这段时间及产后的最初几周里，我还参加了几场电话会议。因此我也轻松地把绝对重心从工作转到了孩子身上。

但不知从什么时候起，情况发生了转变，我无法在“母亲”的新身份之外再去处理任何其他事项。宝宝醒着的时间增加了，需求也增加了。例如，一般持续 6 周的增长期在我的宝宝身上一直持续到第 9 周，这真是要了我们的命。然而在两周的假期过后，我丈夫每天又得回到办公室上班。幸好我从一开始就得到了一位产科护士的帮助。要是没有她，我早就崩溃了！

如何将生活的各个方面结合起来，这个问题一直伴随着我。我原想不会那么难。为什么一切总要围着孩子转呢？我坚信一定有办法兼顾其他，但结果却完全不同：我根本无法顾及其他。同时，我也在某种程度上失去了原来的自己。在最初的几个月里，除了照顾婴儿，我根本没有时间干别的事情。我筋疲力尽，没有休息的时间，一刻不停地忙着照顾宝宝。我无法想象会是这样。在头几个月里，因为我让两个孩子躺在哺乳枕上吃母乳，我往往被困在沙发或床上好几个小时。也是在最初的这段时间里，孩子们只有紧贴着我的身体才能入睡。当然这也带来了一些非常美妙的时刻，我真的很享受这种亲密感。因此，为了让自己更轻松，我宁愿让她们和我一起躺在沙发上，也不愿把她们放下来，让她们在 20 分钟内再次醒来。虽然在沙发上度过一天听起来很诱人，但我清楚地意识到，长时间这样做同样会让我感到相当疲惫。

我很快就觉得缺了些什么。我明明吃饱了，又觉得没吃饱，筋疲力尽又百无聊赖，厌倦了日常生活。其间，我非常爱我的两个孩子。在我休育儿假之初，同事送我的蓝牙耳机，一直陪伴我到现在，它让我的生活变得更加美好。我把时间用在各种媒体上，即时通信软件上的文字消息和语音消息让我与外面的世界（包括朋友和家人）保持着联系。这些信息向我展示了我的家庭圈以外发生的事情。我不仅会听一些有声书，还会收听播客，观看视频。我记得我看过关于区块链和人工智能的知识视频，但我也喜欢看对我的思考能力没有太多要求的电视连续剧。这段时间有点像我完成硕士论文后度过的那个假期，紧张的学习和工作突然就结束了，但向放松的节奏过渡仍需一段时间。十年前，在加拿大度假时，我买了一本关于“非暴力沟通”的参考书，因为我还无法适应突然慢下来的生活。这就是我休产假时的感受。不同的是，我不再拥有独自度假的自由，而是有两个占相当主导地位的小人儿和我同行。如果我开启房车旅行的话，我当然也会把她俩带在身边。

抵达新海岸？

在家待了七个月后，发生了两件事。我们的双胞胎让我们松了一口气。我能够将夜间哺乳的间隔时间延长至三到四个小时，这对我的精神状态产生了积极的影响。对我来说，睡眠是缓解疲惫的关键。也正是在这个时候，一位朋友给我发了一则教授职位的招聘广告，这个职位看起来似乎非常适合我。我曾将教授职位视为自己的一种职业选项，但应该是在我职业生涯的后期。这将是一个挑战和职业生涯的突破，我对此非常好奇。然而这个机会的到来正值我与职业生涯脱节之时。几个星期以来，我一直梦想着能私下里休息一下，那么周末的第一次休息是否应该坐在办公桌前准备申请这个职位？申请一个有挑战性的职位？还是在我的产假期间吗？现在是时候吗？我能做到吗？这是我想要的吗？我的问题多于答案。首先在脑海中把参加这次招聘想象成一种练习。第一次申请教授职位很少有人会成功，所以我从心理上把它当作一种纯粹的练习，而且我不想回答我脑海中所有的疑问。在做母亲之前，我会更加从容地接受这一挑战。但现在有些情况对我来说已经发生了改变。

因此，在与我丈夫协商后，我们抽出两个周末的时间让我来准备我的申请和工作样本。所以这是我的第一个空闲的周末，我又可以在较长的时间内为自己做一些事情了，而我把这个时间用在了申请工作上。

申请后，我很快就收到了下一步申请的邀请。由于一些原因，试讲报告以线上形式进行。对我来说，参与的障碍减少了很多，这样我也能参与进来。我坚信，那时我不会参加面对面的线下活动（需 8 小时的车程）。试讲报告对我来说是一次很好的体验，我感觉如鱼得水。该研究方向与我个人擅长的领域非常匹配，而且该机构的工作文化与我个人的工作理念也非常一致。这是一次很好的经历，增强了我的职业自信，我为此感到高兴。事情进展得很快，几天后我就收到了大学的录用通知书。但是我花了 4 周才做出是否要接受这一职位的决定。以前的我从来没有想过我会花 4 周的时间来考虑这样的机会。很多因素困扰着我，主要问题是我是否能够并且可以在育儿假后迈出这一步，不管怎样，兼顾家庭和工作是一门很大的学问。我和丈夫要如何安排这件事？新的雇主、同事及工作要求都会给我带来挑战。无法满足这些要求（和失败）的风险是真实存在的，这让我感到害怕。因此，问题在于我是否能接受一个我还不能确定自己是否能够应付的挑战，尤其是因为我根本无法评估有了两个孩子后的变化情况。现在回想起来，我认为，我考虑的时间之所以比较久，主要是因为我不知道在有两个年幼的孩子后如何才能够协调好家庭和工作。

在讨论中没有把我的两个孩子列为“麻烦”，这让我感到很欣慰。我们详细讨论了工作的灵活性和工作规划的话题，并没有涉及“妈妈陷阱”。毕竟，还有许多其他工作内容需要灵活的岗位结构。这种工作方式让我从一开始就很喜欢，并觉得这是可行的。在决策过程中，与朋友、导师、我现在的领导，当然还有与我丈夫的讨论对我来说都很重要。

除了许多不同的方面外，一个重要的因素是：在我带双胞胎的育儿假期间，我不能也不想拒绝职业发展的机会。我获得了许多女性因为当了母亲而被剥夺的机会，因此我不能同意自己现在拒绝这种可能性。

对职位申请的犹豫态度和漫长的决策阶段表明我对工作的看法发生了变化，我原以为这是永远不会发生的事情。我最初想在九个月或十个月后回去工作的想法变得十分荒谬。在那个时候我一点也不想回去工作。因为直到在生了两个孩子的头几个月后，事情才变得轻松多了，我又可以再次顺畅地呼吸了。我获得了安全感。孩子们真正开始进入生活的正轨，我们度过了一段美好的时光，我想尽情享受其中的精彩。如果用工作来填补这些自由的时刻，那真是太可惜了。在怀孕之前，工作一直是我的首选，现在变了。我过去常常对很多事情说“我可以”，在工作量方面经常超越自己的极限，或者私下里为这份工作做出妥协。现在一个新的秩序诞生了，只是还需要自己去梳理。但工作已不再是重中之重，我觉得这无疑是对的。

我怀着崇敬的心情决定接受这份新工作，并在两个小宝宝十四个月大时重回工作状态。所以我仍然能够陪她们去日托，并在日托的前几周有了一些喘息的空间。我们不必“强推”孩子们去适应环境，而是应该根据她们的需要来安排。在我找到自己作为教授的身份之前，这一点对我的母亲身份非常重要。

在我开始新工作的几周前，我就已经被种种忧虑困扰。我听说过很多关于家庭和事业难以兼顾的话题。尤其是在日托中心的第一个冬天，家长们小心翼翼地应对着适应日托中心或因病缺勤所带来的挑战。只有经历过这几个月的艰难岁月的人才清楚这意味着什么。得知我刚接受的新职位，其他女性在短暂的沉默后尽可能地向我提供各种应对技巧。在这个阶段似乎只有一件事要做：系上安全带，努力坐稳吧！

三大改变

自成为妈妈以来，我注意到有关我职业身份的三个关键因素发生了巨大的变化。

在我看来，第一大变化是有限的工作时间。我以前不一定这么认为，现在回想起来，这应该是我面临这一挑战阶段的关键，是我完成项目和工作的关键，其中一些还是并列运行的。我总是临时延长工作时间，并根据项目要求投入额外的时间。因此，我对许多问询和选项说“我可以”，并参与其中，完成项目，迅速在职业上取得进步。对质量和时间有高要求的项目让我兴奋，也让我很满足。职业上的成就感使我感觉良好，也给我带来了乐趣，让我觉得充实。我需要以此来达到自我满足。然而，面对繁重的工作量，我不得不把工作时间延至晚上。在我攻读在职博士学位期间，特别忙的时候，晚上八点开始，我再次坐在办公桌前，进行面试评估。为了毕业，我让自己在三个星期里抛开了正常的生活节奏，把自己锁在朋友的公寓里，完成了论文。整件事给了我一个重要的启示：我确信自己会按时完成工作。我能够做到这一点。

现在情况已经完全改变了。休完十四个月的产假后，我重回工作岗位。我的双胞胎对日托还未完全适应，再加上 2020 年年底正值病毒感染期，整体情况非常糟糕，日托中心也关闭了。最重要的是，在这段时间，孩子们相继感染，这给我们造成了沉重的打击。当时，人们至少意识到了育儿面临的困难。可是那段时间过后，在未接种疫苗者（以及儿童）还在不断遭受感染的情形下，公众对育儿挑战的关注却逐渐消失了。尤其是年幼的孩子现在要在家里待上好几周，他们由于免疫系统尚未完善而感染了所有的病毒，过得很糟糕。由于严重的呼吸道疾病，那年秋天柏林的儿童病房人满为患。这真是太可怕了。

即使现在日常生活中的宝宝护理是按计划进行的，留下的工作时间对我来说也是有限的。这改变了一切，我在工作中更加专注：决定哪些会议真正有必要开，以何种形式召开。这个阶段的一切都是为了有效利用时间。在接受额外的任务或项目之前，我会搞清楚它在内容上或其他方面是否有意义。因此，目前能“由我左右”的空间并不大。始终确切地知道哪些工作具有更高的优先级对我来说变得至关重要。毫无疑问，这是我最先要确定的。这样也使我的工作不会没完没了，母亲总是要时刻准备着，在孩子生病时将孩子从日托中心接走。由于我丈夫从工作地点到日托中心的时间比我长得多，所以这件事基本上归我管。在对待工作时，我也总是考虑这项工作需要什么硬件设施来配合。例如，如果有必要，我可以带着生病的孩子一起阅读论文，而视频拍摄则只能在白天进行，并需要相应的设备。总体情况改变之后，我将工作组织得很好，妈妈的身份给职业生涯带来的技能，大大地丰富了我的能力。

第二大变化与第一大变化密切相关。现在，我体内有两颗跳动的心需要调和。一方面，我想回去工作，回到正轨，重温怀孕前的工作感受。我想与同事们共同发展，想在工作上更进一步，最重要的是想在这个新职位上证明自己。如果我不能满足向我提出的所有要求，我会感到良心不安，觉得自己做错了。例如，一场时间上安排不了的会议，或者一个可能有些紧张的截止日期。因为以前的我能让业务所需的一切成为可能，因此现在的我在这些时刻往往觉得是我做错了。

另一方面，我想全心全意、全力以赴、信心满满地为我的两个孩子做好每一件事。在过渡到幼儿园的过程中，我想集中精力陪伴她们。我想给她们时间，尽可能温和地与陌生人建立信任。我想将花费在外部事务上的时间减少到最少，有意识地在家庭中保留更充裕的时间。她俩生病时我想将她们留在家里，直到她们完全恢复健康，这比日托中心要求的“24 小时不发烧”要多花几天时间。我对孩子的需求和我作为母亲的角色最需要的是时间。我不能同时把时间花在我的工作上。在此，我的矛盾情绪已经通过“我要”和“我想”的众多表述展现出来……有太多的愿望、需求及强烈的感受，同样都根植于我的内心。

第三大变化是后来才出现的，即对事物的接受度。在某种意义上就是：这样是可以的。我既可以是一位母亲，也可以是一位教授。这种感觉是在开始新工作之后的几个月里发展形成的。突然间，我可以不用总是随时待命了。我在项目会议上设定一个可行的截止日期，让我有足够的回旋余地，这是可以的。我让自己感觉我是一个母亲，我不想隐瞒这一点。起初我没有在工作环境中提到我的孩子们，但突然间，让她们成为我的一部分对我来说至关重要。当我不能照顾她们时，我会和我的双胞胎一起视频通话，我还向同事们说过，2021 年下半年我的两个孩子特别容易生病，总是不得不待在家里。现在这条道路对我来说更轻松了，我决定不再扮演一个不完整的职业角色，而是要将所有的角色整合在一起，活出自己的样子。我觉得我的许多不同身份正在慢慢融合为一体。至少我已经意识到让家庭成为我生活的一部分是多么重要。

这一发展的关键是我的工作具有绝对的灵活性。我的职位有着明确而固定的任务，它们都有最后期限或固定的完成期。我要在哪天完成这些事情，或者是否要因为任务未完成而利用周末来工作，这完全取决于我。除此之外，我还有很棒的同事。在这里，你必须问问自己，谁在实际工作中真正拥有如此巨大的灵活性？我就反复地问过自己，家庭如何应对育儿和工作中的挑战，尤其是第一个冬天在日托中心遇到的问题。对此我现在依然没有答案。尽管我们当时在日托中心确实面临着特别大的挑战，但如果我的工作不是那么灵活，作为一个家庭，我们也无法组织起来，哪怕是以一种较为勉强的方式。如果不是祖父母经常会搭把手，我们肯定经常会以蜗牛般的速度疲惫不堪地度过这些日子。

巨大的恐惧，但无中生有?

（本部分内容由汉娜·迈耶撰写）

如果我从学校毕业后就已经想到我或许想要组建一个家庭，那会发生什么？毕业后我会选择不同的方向还是会选择不同的雇主？我的工作会像现在这样同样令我感到充实吗？不管怎样，我根本没有设想过有自己的孩子。这也许就是我在工作了十多年并在工作岗位上站稳脚跟之后，突然发现自己陷入了矛盾之中的原因。

漫长的决策之路

在怀孕前，我的工作就是我的全部。上班，经常出差，喜欢加班，也常常把自己累得筋疲力尽。然后突然有了要组建一个家庭的念头。尽管在 30 岁时产生了这个想法，但照顾孩子这件事对我来说仍然很抽象。我认为我的职业状况是我长期未能组建家庭的决定性因素。这个念头一冒出来，我的头就嗡嗡作响。让我头疼的问题很明确：我真的可以把工作和家庭相结合吗？如果不能，我该如何抉择？

在我看来，我所在行业的基本条件似乎与怀孕时间并不那么相容。我的工作完全面向国外，而我爱人的工作则专注于德国国内。因此，对组建家庭的担忧是显而易见的。

这种担心阻碍了我。老实说，如果不是我爱人如此执着，我可能永远也不会成为一名母亲。我可能会错失这一机会，因为我总是在等待“合适的”时间，并且总觉得现在有太多的阻碍。所以我非常感谢我爱人推动我成为母亲，我很难想象今天的生活中没有对小老虎的挚爱会怎样。然而，在做出这个决定的过程中，我有时很难将其推进到讨论阶段。关于“如果”的对话很快变成了关于“何时”的对话，我试图将时间不断往后推延。不得不放弃工作的想法让我感到震惊。我声称不想因为组建家庭而将职业生涯放在次要地位，原因非常明确：性别平等。我无法忍受因为要带孩子而在职业上受到不平等的待遇。平等对待——现在、马上和永远。

压力越大，我就越仔细地观察我的工作环境。我随时都能发现各种暗示，表明如果我怀孕了，对我的雇主反而是不公平的。脑子里乱七八糟的思绪纷飞，比如，如果我有怀孕的计划，是不是要提前辞职。今天我觉得这个想法很荒谬，但当时它占据了我的大脑。

如果你仔细观察，朋友、熟人和同事圈中会不断向你展示做母亲对职业生活的影响：可能无法参加重要活动，产假后的求职本身就充满挑战，最喜欢的工作根本不允许以兼职的方式来完成。因此，在对工作环境展开好几周，甚至好几个月的观察和分析之后，我的担忧加剧了。

同时，我努力为新的人生阶段做准备：接种疫苗，体检，更换医疗保险公司，等等。然而直到最后，一个大问题仍悬而未决：如果妊娠测试呈阳性，我还能去热带地区出差吗？我问的人越多，答案就越不一样。做这个决定很不容易，我也找不到任何人，能够给出例如医学上或是职业上的理由，来代替我做出决定。

旅程开始了

然后时间到了：我准备好了，尽管存在如何兼顾工作和家庭的担忧和怀疑。这就像是突然来了灵感。冬天，一个好友站在我面前，我们正在等火车，她眼含泪水告诉我她怀孕的消息。哇！这让我感到很惊讶。以前当女性朋友告诉我她们怀孕时，情形就很不同，事后我常常想我本可以做出更激动的反应。我的内心发生了一些变化，我知道：现在是时候了！

不到两个月后，我手里拿着呈阳性的验孕棒，经过几次复查，我们确信：旅程开始了。我很清楚，这么快怀孕绝非易事，我们可以说是十分幸运的人。我既困惑又兴奋。当然，理论上我已经有了思想准备。但是，测试结果呈阳性具体意味着什么？转眼到了年末，我和我爱人利用最后几天的休息时间，重新审视了我将在怀孕旅程中遇到的一些问题。再过两周，我就要去西非出差，我应该开始为我的这场怀孕之旅做准备了。

我当时情绪很低落，一方面，我体内荷尔蒙混乱，因为我的身体刚刚切换到怀孕模式；另一方面，随着这次妊娠测试呈阳性，生活的改变已经开始了。支气管炎让我在家里休养了几天，并有了清晰的想法。我决定不去出差，集中精力养胎。我需要一位新的妇科医生，这件事是无法在出差途中很好地处理的。另外，找助产士更具挑战性。我还决定向我的雇主摊牌。请了一周病假后，我第一次摇摇晃晃地回到工作岗位，来到了主管办公室：我必须取消接下来的出差！迈出这一步对我来说很艰难。

是否在怀孕期间前往热带地区出差对我来说是一个艰难的决定。一方面我想去旅行，也喜欢旅行，我想在我所到之处继续职业生涯，我不想放弃和退出。另一方面，我知道可能会有被传染病感染的风险，尤其是在怀孕初期，我不愿意冒这个风险。我了解自己：如果真的发生什么，我会责怪自己的。

被迫放慢节奏

我还未找到新的工作方案来代替被取消的长期出差，病毒的传播就已经改变了我的工作形式。我转而在家工作，直到分娩。两者的反差太大了！几个月前，我还在频繁出差，而现在非但不出差，甚至不建议去办公室。病毒的出现，让我不必再亲自做出那些决定了。就个人而言，没有病毒这个突发情况的话，我可能不会强迫自己将工作节奏下调至少两个挡位，并且完全倾听内心的声音，让自己休息和放松下来。不过，病毒大流行也意味着产假前的几个月的工作变得不那么令人兴奋了。

但是让自己沉浸在虚拟的工作世界中也有其缺点。对我的同事们来说，我根本没有怀孕。怀孕前的我听到这个会很高兴。悄悄地怀孕，不会大张旗鼓，休一个短暂的产假，然后又悄悄回来，在离开的岗位上接着干。在职业上，我可能认为成为母亲对我来说是弊大于利。现在回想起来，我有点后悔没有能够更多地和朋友及同事们分享我的怀孕经历。在与我的一位主管进行的第一轮面谈中，她的第一句话是告诉我她是一位母亲。通常情况下，这时会是关于职业生涯的长篇大论。相反，她首先介绍自己是两个孩子的母亲。我当时注意到了这一点，感到很惊讶。今天，我觉得这点非常了不起，也很重要，我希望这样的声明始终得到积极的回应。

从产假到育儿假

从最后几个工作日到产假的过渡很顺利，没有什么大事，没有大的动荡，也没有戏剧性的事情。我没有渴望，没觉得自己失去了某个身份，也没有非常想念我的工作。怀孕之前谁会想到是这样的呢？我肯定没有这么想过。之所以如此平静，是因为我已经开始了一个名为“小老虎”的新项目，我非常期待能够完全专注于此。其实我已经迫不及待地想休产假了，毕竟有那么多美好的事情在等着我！多吃一点健康的食物、必要的休息、冥想、锻炼和分娩准备，现在我能够毫无压力地享受这一切了。

最初的几天、几周和几个月就这样过去了，从产假到育儿假，最后我离开工作已经十二个月了。十二个月，漫长的一年！然而，在某种程度上，这一年就这样飞逝而过，我也没有计算过还有多久才会被允许重返工作岗位。

我必须在孩子出生后不久就申请育儿假，所以在怀孕期间我就已经考虑过这个问题。我发现育儿假的长短问题让我很为难。在我生孩子之前，我如何知道几周后我是应该回去工作，还是应该利用更长的时间来陪伴孩子？这种选择性问题会让人无所适从。我的策略是把这个决定变成一门科学：项目周期的最佳时间是多久？多少个月的育儿假被认为太长？多少个月被认为太短？我分娩后会怎么想？之后延长或缩短育儿假会更容易吗？网上杂乱无章的信息和小册子中关于父母津贴、父母附加津贴、月度伴侣奖励计划等的说明只会让我的决策难上加难。我终于在分娩后不久做出了初步决定：九个月后重返全职工作。这对我来说似乎很现实：九个月的怀孕时间，九个月的育儿假。我当时认为，那时我的身体将会完全康复，重回最佳状态。

离育儿假结束越近，我越清楚地意识到我还没有做好准备，或者更确切地说：我们，小老虎和我，还没有做好准备。最后，我将育儿假稍微延长了一些时间，并在重返工作岗位的第一年减少了工作时间。拿到新合同后，我正式陷入了“兼职陷阱”。我爱人继续百分之百地投入工作，而我却为了照顾孩子不得不部分地从职业生涯中退出。多么老生常谈！这从来不是我想要的，以前的自己又开始发怒了！然而，在许多日子里，我希望我能花更多的时间和小老虎在一起，而不仅仅是在那些因兼职而腾出空闲时间的下午。

试用期

几个月来，我一直忙于照顾我的小老虎：母乳喂养、搅拌有机胡萝卜泥、换尿布、抱着他、玩耍，等等。在休了几个月的产假和育儿假后，我很兴奋能回到工作岗位，专注于一件事，长时间地坐在椅子上工作。这让我太不习惯了！当时，我已经告别了产假期间的线上工作状态。现在我几乎是在休完育儿假后重新回到工作岗位的。与我的预期相反，仅仅两天后，我就找到了重回职场的感觉。然而，很多事情都不一样了，因为我现在会用不同的眼光来看待我的工作。

回到工作岗位的前三个月对我来说就像是一场考验，在我们一家三口度过了育儿假之后，小老虎的爸爸还有三个月的育儿假。我当时在家里的书房里办公，他们俩在一门之隔的地方吵吵闹闹。我们有三个月的时间。在这三个月的时间里，尤其是我要尝试断奶，让孩子学会独立。很快他就不再是一个婴儿，而是一个蹒跚学步的小孩了。我练习着把这个蹒跚学步的小孩交给其他人来照顾，同时尽可能多地享受和他在一起的时光。

在这段时间里，我脑子里闪过许多想法：没有我，小老虎怎么睡觉？他能吃饱喝足吗？我和小老虎的关系将发生怎样的变化？我们将如何处理日常生活？我怎么知道不会有任何事情或任何人出现差错？最重要的是：在六个小时或更长时间没有对方陪伴的情况下，我和小老虎会怎样？我感到自己回到工作岗位是个对的选择，但也觉得在白天把小老虎交给我以外的其他人照顾是个错的选择，这两种感受对我而言同样强烈。因此，小老虎的父亲在日托开始前休了育儿假，这对我们来说是正确的一步：这是一个小小的中间步骤，消除了我的一些担忧。

回到办公桌前的那段时间一开始感觉很奇怪，但很快我就开始全身心地享受当妈妈以外的时间。然而，在试用期，我还无法完全摆脱对小老虎的思念，正确切换到工作时间。他们俩离我只有两个房间的距离，实在是太近了。每听到一声巨响，我都会吓一跳，想知道小老虎的头是不是撞到了地上。只是因为听到了这些声音，就让我在工作时不由自主地会担心小老虎。在发生重大事故或当他只需要妈妈时，他隔着两堵墙的尖叫声就像数百万根针一样直戳我的心。我不止一次把午休时间提前，去抱一下小老虎，然后再回来工作。

试用期的一大优势是我们三个人不仅早晚都可以见面，而且还能够创造一个小的日常生活环境，共同度过“黄金时光”。我在工作时间非常想念小老虎，在任何情况下都不想错过他成长过程中的每一个里程碑。午休的时候我总会陪伴在他身边，所以当小老虎迈出人生第一步时，我们三个人共同见证了这一时刻。他是如此骄傲和兴奋，我们也好感动，这是一个多么美好的时刻。

日常工作 2.0 版

我们很好地度过了试用期，因此进入了第二阶段：新的日常生活中，父母都去工作，小老虎开始被送到日托中心。我在办公室发现了新的自由，有种重回过去的感觉。我不止一次发现自己在办公室里忘记了时间，不得不匆忙赶到日托中心去接小老虎。曾经是我自己的驱动力让我在城市中奔波。现在不同的是，我会感到内疚，因为小老虎在等着我。因此，在某些日子里，新的自由也伴随着负面情绪。

尽管在新的日常生活中遇到了障碍，例如在上班时间与孩子通话时会感到无能为力，但我的日常工作变得轻松了。从现在开始，我不会像怀孕前那样，总是去盯许多项目，去关注每一个细节，还不得不加班。任务的优先顺序也发生了变化，多余的事件都被剔除掉了。无论是在工作上还是在私人生活中，项目和任务都必须有一定的优先级。否则，我很难向自己解释为什么没有和小老虎在一起。

年轻父母在职场中经常遇到的偏见在我的经历中并没有得到证实。虽然睡眠确实变少了，但我并不比以前更累。“妈咪脑”对我来说并没有成为障碍，而只是带来了一种新的挑战：怀孕前，我可以记住一千零一件事情，而怀孕后，我只需把这些事情写下来。我必须提高自己的组织能力。作为小老虎的妈妈，我的专注力并没有降低，记忆力也没有减弱，大脑也没有过分地想开小差。相反，做母亲让我感觉我比以前更专注、更有条理、更仔细，而且始终如一！全心全意地关注工作和孩子。

在我看来，我对被同事贴上“兼职妈妈”标签的巨大恐惧只是在某种程度上得到了证实。在怀孕前和怀孕期间，组建家庭与我的工作格格不入，随着时间的推移，这一点也在发生着变化。随着我能够越来越轻松地应对工作，我能够以更合理的方式看待事物，包括我自己在项目和公司中所扮演的角色。我在日常工作中形成了一种新的务实精神。

起初，我认为母亲身份在我的工作中不会受到正面欢迎，所以我刻意不去公开我的私生活。几个月来，这种态度发生了变化。我已经开始分享自己当母亲的经历，每当同事们欣喜地认识到通过产假可以提升能力时，我也会感到很高兴。

虽然日常工作 2.0 版更轻松了，但自计划组建家庭以来我的一些恐惧仍然存在。由于我是以兼职形式参与工作的，尽管公司内部为促进临时员工的职业发展做了很多努力，但我确实很少出现在办公室。线上办公的工作模式，也让我在工作中的付出少有人知。这意味着我和同事们的聊天次数减少了，社交圈子也缩小了，甚至职业发展也受到了限制。

另一个完全不同的话题是差旅，在宝宝出生一年后，我就开始忙于出差了。直到他出生前不久，我还幻想着等他出生后，我可以在出差时带他去看看广阔的世界。毕竟，在我怀孕的好几个月里，我不得不放弃差旅。与此同时，对距离的敬畏之心依然存在。因为一些原因，恢复差旅还需要一段时间。带着小孩出差对我们来说尚未形成惯例。与之相对的，是我同时对此深深的渴望。我们度过了漫长的两年时间，其间我的世界变得异常狭小。这与怀孕前的“我”形成鲜明的反差，可能与我目前的生活状况一致。我仍然渴望去不同文化背景的环境出差，从我晚上喝一杯速溶咖啡的习惯中就可以看出这种渴望，它是我过去多次前往西非出差时的随身伴侣。

来自科学的声音

成为母亲的历程在职业层面涉及女性的职业身份，这种身份会在怀孕、分娩和分娩后的时间里发生变化。家庭结构的变化通常意味着父母要处理角色分工和兼顾的问题：谁来工作（承担多少工作量）？谁来照顾孩子？成为母亲可以改变女性的职业身份和工作在她生活中所占的分量。一些女性在成为母亲的过程中改变了自己的职业：例如，她们对以前的工作内容有了不同的评价，减少了工作时间或者敢于自主创业。

职业身份的改变

职业女性一旦怀孕，最迟在休产假时，她们的日常生活就会发生巨大变化。她们的日子不再由工作主导，就业的社会环境也逐渐弱化。分娩前孕妇可以自己安排每天的时间，但这只是一个短暂的过渡。这段时间主要也是为了保护自己和未出生的孩子，女性最好能在这段时间获得休息。宝宝出生后，需要全天候照顾。至少在阶段性的母乳喂养期间，女性可能会被迫待在家里。喂养和照顾宝宝现在成为她们新的全职工作。

凯特·巴贝廷描述了一个女人致力于成为母亲而作出的努力：一方面，母亲可能会感到无聊和沮丧；另一方面，睡眠不足会导致疲惫和愤怒。这种情况反过来又会引发矛盾的情绪，因为它不符合总是超级开心的母亲形象。然而，“超级母亲”的形象总是与疲惫不堪和生气联系在一起。这一阶段的矛盾心理还体现在，既对宝宝产生了一种前所未有的爱，又非常怀念曾经拥有的自由的生活。

在产假及随后的育儿假期间，与孩子的亲密相处是许多母亲不想错过的人生阶段。在这一阶段，社会对女性的看法也发生了变化。以前，女性可以从职业中获得较高的社会认可。而现在，女性忙于照顾孩子，这可能意味着外界对女性的认可度降低，或者至少她本人会有这样的感受，这取决于具体情况。为照顾孩子而付出的劳动尚未得到应得的社会尊重。

不管社会对照顾或护理工作的重视程度如何，在美国和其他许多没有带薪育儿假或带薪育儿假很短的国家，新妈妈在孩子出生几周后就面临着重返工作岗位的巨大压力。根据美国的一项研究，怀孕期间的职业压力如此之大，以致 40% 的受访女性在怀孕期间曾有过放弃工作的念头。这种压力对低收入阶层的单身母亲的打击尤为严重。

相比之下，德国的父母似乎享有很高的福利，因为产妇津贴、育儿津贴、育儿附加津贴等补贴可以让他们在养育孩子期间享有长期的经济保障。但是德国还有许多女性享受不到这种福利，例如个体经营者或联邦议院议员。然而，无论女性休多长时间的育儿假，随着育儿津贴的发放即将结束，未来的就业问题可能引起其他一系列问题，从而引发不安：如何在就业的同时安排家庭生活？谁来照顾孩子，以及何时接手照顾孩子？我能为我的孩子找到合适的照护方式吗？我能找到日托中心吗？

除了关于组织新的家庭生活的问题外，身份变化也会对未来的职业生活产生影响。职业身份的各个方面和对自己职业的想法都会重新排序。在这种身份转变的过程中，一些女性会质疑自己的职业背景，某些情况下，会在事业和家庭之间左右为难。当她们感觉熟悉的生活已经无法运转时，职业定位常常会受到质疑。随之而来的是一系列艰难的决定，如关于工作范围和责任、工作成就感及家庭和事业能否兼顾等问题。

在怀孕期间，人们可能并不是生病了，而是处于一个特殊的状态之中。我现在意识到，这在职业上有多么重要。在评估我的工作表现时，他们会考虑我休育儿假的时间。事实上我在分娩前的九个月里仍在工作，却并没有得到像怀孕前那样的工作条件，这一事实仍然不为人知。（施特菲，有1个孩子，2岁

3 个月大）

有时我会想："还有什么比我的孩子更重要？为什么我要为其他事情牺牲宝贵的时间？"我希望这会再次改变，我能在职业、个人，以及家庭发展之间找到一个很好的平衡点。（伊冯，有 2 个孩子，分别为 2 岁和 3 个月大）

生孩子之后我换了工作，承担的职责更少了，在职业阶梯上的地位也不高，挣的钱也更少了。为了我的孩子，我放弃了传统意义上所谓的"事业"。实际上，我对此基本上是感到满意的。但有时我确实也会想，如果我遵循之前的路径，我现在会在哪里？有时我会觉得沮丧，因为我没能从事我真正擅长的事情，家庭和工作很难兼顾。（艾玛，有 2 个孩子，分别为 5 岁和 2 岁）

内疚

在英语语境中有"第五个三个月"这样的表述，指的是女性在孩子出生后重返工作岗位的时间。这个词标志着职场妈妈的诞生时间。前三个三个月指的是怀孕时间，第四个三个月描述了新生儿来到这个世界的最初时光，接下来的时间段是关于母亲如何重返职场的。美国人劳伦·史密斯·布罗迪（Lauren Smith Brody）发起了"第五孕期运动"，旨在帮助女性在分娩后恢复工作状态。在这一早期阶段，女性通常在身体和心理上都没有准备好重返工作岗位，但出于各种原因，这往往是必须的。调研中她采访了大约 700 名女性，所有受访女性都有相同的感觉：内疚感。由于各种原因，对孩子的内疚感在许多女性身上产生了重要影响。全职或兼职工作，以及孩子被“交给”日托中心都会引发这种感觉。仅是喜欢上班这一事实就足以让一些母亲感到内疚。

当人们普遍心存“母亲应当随时待命并为孩子完全牺牲自我”这一社会理想时，内疚感的出现就不足为奇了。纽约大学的一项系列研究的结论同样不出所料：相较于没工作的母亲，工作的母亲被认为“效率低下”。这项结论不禁令人遗憾。这种所谓的“坏父母设定”，即母亲被认为是“乌鸦母亲”，仅适用于母亲（而不适用于父亲），并且仅适用于独立工作并在男性主导的职业中取得成功的母亲。因此，享受工作并取得成功的职业母亲会受到社会的高度歧视。科琳·乌尔曼·费尔南德斯（Collien Ulmen-Fernandes）在两集纪录片《乌鸦母亲或者超级母亲》中调查了“乌鸦母亲”这一概念在我们的社会中如此根深蒂固的原因。

第一年，我把自己累垮了。我们没有采用传统的角色分工模式。我丈夫负责照顾孩子，而我在 4 个月后就回归工作了。我们的儿子夜里还无法睡整觉，我夜里要给他喂母乳，还要在办公室用吸奶器吸出母乳。因为我们只有一辆车，我大部分时

间都是骑 16 公里自行车去上班。实际上，我的身体很累，还要面对丈夫的不满。我深陷于一个无法满足的、紧张的处境，一直都感觉很糟糕。（玛丽亚，有 3 个孩子，分别为 12 岁、8 岁和 3 岁）

有了第一个孩子后，我在 11 个月后就重返全职工作。而有了第二个孩子时，我想在 10 个月后重返全职工作。不幸的是，日托中心经常被认为是一个对孩子们来说很糟糕的地方，目的是把母亲描绘成“乌鸦母亲”。幸运的是我从未想过这一点，幸好我们的经历很美好。（珍妮，有 2 个孩子，分别为 4 岁和 8 个月大）

工作场所的灵活性与职场妈妈之间的关联

在一些女性的主观感觉中，她们因自己的工作而产生了负面的感受，对此出现了一些反驳的观点。哈佛商学院在 24 个国家开展的研究表明，母亲就业对性别平等做出了显著贡献。这方面的一个例子是，由职业女性抚养长大的男性承担了相对较大比例的照顾家庭和家务劳动的责任。2019 年的一项研究引用了来自 30 个欧洲国家的数据，结果表明，全职照顾孩子的母亲的主观幸福感与兼职工作的母亲的主观幸福感相同。

事实上，母亲们可以从她们的工作中受益，因为职业女性的身份会对她们的个人幸福产生积极的影响。以社会认同理论为基础的研究支持了这一观点。根据该理论，参与社会活动的群体增强了自己的归属感，因此也提高了自己的幸福感。然而，当职场妈妈的职业身份和母亲身份发生冲突时，她们的幸福似乎会转化为担忧和不安。只有当不同身份的角色都能各得其所时，幸福感才会增加。只有当各种不同的身份都能得到公平对待时，一个人才能够更快乐。对职场妈妈来说，这也正是其困难所在。如果家庭要求和工作要求不能调和，或者只能在有限的范围内调和，这两种身份就会发生冲突，并对女性的幸福感产生负面影响。因此，女性把母亲身份与职业身份相结合将具有深远的意义。在职业方面，这不仅包括带薪产假和育儿假的长短，还包括工作的灵活性、兼职或分担工作的可能性。

一项针对哈佛大学女性毕业生的研究也强调了工作场所的灵活性对职场母亲的重要意义。结果显示，僵化的工作环境意味着女性在成为母亲后更容易被排挤出劳动力市场。而生育以前在灵活工作环境下工作的母亲则更有可能重返工作岗位。

直到最近，一个研究小组才揭示了生育、通勤和工资之间的关联。这项研究显示，伴随着成为母亲的过程，妈妈们与工作场所的距离缩短了至多33%。也就是说，妈妈们是在节省她们前去工作必需的通勤时间。成为父亲后，男性的通勤情况则保持稳定。然而，随着上班通勤时间的减少，母亲的工资也下降了18.4%。因此，生育与较低工资之间被认为存在着间接联系。在社会学中，这是在“母职惩罚”的关键词下讨论的话题。因此，生育导致的工作中的不利因素，不仅包括工资降低，还意味着技能丧失。然而，这一情况反过来又会对工资产生负面影响，即产生经济影响。因此，工资可能是母亲重返工作岗位时需要考虑的另一个因素。她们不仅需要在工作场所上拥有更大的灵活性，而且工资也必须保持在合理的范围之内。

柏林社会科学研究中心少年组职业与护理部负责人莉娜·希普（Lena Hipp）和她的团队已经对“照顾孩子分工的变化是否会对母亲的职业地位产生积极影响”这一问题进行了研究。她研究的出发点是，与父亲相比，母亲在职场中更容易受到歧视，因为雇主认为她们是负责照顾孩子的一方。该研究团队进行了一项实验，让两名女性和两名男性分别申请了总共 718 个职位。四位参与者的个人资质或婚姻状况等所有因素都是相同的，只是休育儿假的长短不同，分别为两个月和十二个月。遗憾的是，通过缩短女性育儿假并不能消除社会歧视：两位母亲很少被邀请参加面试，无论她们休育儿假的时间长短。然而，两位父亲并没有因为育儿假的长短而受到任何不公正的对待。

我曾经拥有一段担任企业管理顾问的职业生涯。但我一度意识到我无法成为自己想要成为的那一类母亲。家庭和与孩子的关系对我来说更为重要。因此，我开始全力照顾家庭，并继续接受教育，建立了自己的事业。现在事业和家庭合二为一。

对我来说，这是我成功的秘诀。（卡琳，有 2 个孩子，分别为 7 岁和 5 岁）

有句话总是在我耳边响起：是怀孕了，但并没生病。我在怀孕期间经常感觉很累，还得去看医生，因为我的孕期需要更密切的监测。当我不觉得累，或者没有去看医生时，我的心思都放在了宝宝身上，我会为了他的到来做好一切准备。（施特菲，有 1 个孩子，2 岁 3 个月大）

之前我很害怕自己作为一名母亲无法在职业上站稳脚跟。当我问自己究竟能走多远，或者我想做什么，以及又想把这些问题与当前有了孩子的生活和时间状况协调起来时，内心总是会出现小小的挣扎。在申请工作时，我的经验是最好不要谈孩子，当然也不要谈兼职和弹性工作时间。不过，我也遇到了一些非常好的面试机会，我讲述了我理想中的时间分配和我儿子的存在，结果我还是得到了一份工作合同。（尼娜，有 1 个孩子，2 岁）

改变性别角色？

为什么灵活的工作模式对母亲而言如此重要？为什么母亲重返工作岗位往往是一个挑战，而新生儿的父亲通常在较短的育儿假后更容易重返全职工作？毕竟，新家庭成员的到来会影响整个家庭，而且在异性伴侣关系中，父母双方都会受到影响。在大多数情况下，照顾婴儿需要花费大量时间，也会占用个人专属时间。除了对宝宝的基本照顾外，全方位的照料还包括一部分额外的家务工作，从把衣物放入洗衣机到大量的尿布、垃圾的处理，再到剩余食物的清理，等等。人生的新阶段为父母带来了许多新的任务，这也导致了他们对职业优先事项的重新定义。然而，一个有科学依据的事实是，大部分照护和家务都是由女性完成的，这对母亲的职业决定产生了特别的影响。从这个角度来看，父亲们经常像以往一样继续着自己的职业生涯，而女性则必须重新调整自己，为新的家庭任务创造空间，这也就不足为奇了。德国著名社会学家尤塔·奥尔门丁格（Jutta Allmendinger）分享了自己对女性“重归传统”的看法。她对相关措施（例如关闭日托中心和学校）带来的性别不平等现象表示担忧。尽管她的观点在德国引起了激烈的争论，但她只触及了在当时那个背景下出现的这些社会问题的冰山一角。

事实上，无论当时的社会背景如何，都有关于年轻家庭中性别角色的科学发现。家庭研究专家马蒂亚斯·尤特努尔（Matthias Euteneuer）和乌韦·乌伦多夫（Uwe Uhlendorff）在一项纵向研究中既描述了当今德国家庭生活的观念和现实，也讲到了处于不同的家庭转型期的父母。他们的研究还包括关于父母在家务分工中的角色的说明，即自20世纪60年代以来，女性越来越多地进入职场，因此经常处于工作状态。与此同时，这种变化亦伴随着性别规范的变化：社会正在摆脱“父亲工作，母亲照顾家庭和孩子”的传统观念。然而，现实情况是，家务和照顾工作的分配并没有遵循这些改变了的想法。因此，虽然人们的想法发生了变化，但是显然无法实现。在现实中，女性的职场参与度显著提高。相反，男性的育儿参与度只是略有提高，男性在家务中的参与度几乎没有提高。很明显，这种发展存在一些问题。

家庭研究的另一个发现是，夫妻之间的角色分工会因生活阶段的变化而变化。在从夫妻到为人父母的两种关系的过渡中，男性甚至会退出家务。考虑到有了孩子后，日常任务会增加，女性也越来越多地参与工作，生活中对两人性别角色的要求也会不同，家务分配需要变得更加公平，那么这个研究得出的结论听起来就格外荒谬了。马蒂亚斯·尤特努尔和乌韦·乌伦多夫的研究还指出，随着更加重视需求的“养育方式”的出现，与孩子在一起的时间对父母来说变得非常重要。也就是说，父亲们愿意花费更多的时间来陪伴孩子。相比职业身份，女性往往更看重她们的家庭身份，而男性一直以来则完全相反。不过，这种优先顺序目前可能会发生变化。对父亲来说，职业身份和家庭身份之间的竞争日趋激烈。因此，作者认为如何兼顾家庭和事业对父亲来说也同样越来越重要。一种有趣的相处方式可能是父母双方都是以兼职形式参与工作，但这种模式似乎尚未在德国普及。在此之前，家庭与事业之间的平衡有时会给母亲带来巨大的压力，导致她们的职业身份和就业现实发生变化。

如果将我的需求、工作职责及与做妈妈无关的事情置于次要位置，对我来说，这是行不通的。这甚至会对我的母亲身份产生负面影响，我希望成为孩子们的好妈妈。因此，我的工作有时是放在第一位的。我在一个领导岗位上，自从有了孩子，当同事因私人情况需要调整工作时，我就更能理解她们了。我还意识到，与许多其他同事一样，除了有偿工作外，我还无偿地承担着照顾家庭的重任。出于这个原因，我对自己职业的看法已经“淡化”了。这意味着我热爱我的工作，但有时又不得不将其置于其次。（格蕾丝，有 2 个孩子，分别为 4 岁和 2 岁）

自从我停止了母乳喂养，我和丈夫各承担了一半家庭职责。我们都是全职工作，下午陪孩子，晚上回到办公桌前继续工作。一直以来都是这样，全职工作对保证我们的生活水平来说是必要的。（莉娜，有 1 个孩子，5 岁 9 个月大）

听听专家的说法

耶娜・弗里德里希：

许多女性甚至没有考虑做母亲会给她们带来什么，就已经着手处理从工作到产假的过渡。很多年轻女性可能工作时间不长，刚刚熟悉业务，并从中找到了很多自信。对一些人来说，一切就会到此为止。一些人觉得从工作状态过渡到产假状态非常困难，因此她们会继续工作，但这可能会导致她们的健康出现问题。

经常有女性写信给我，想知道如何成为助产士。通常，女性对婴儿和怀孕的话题如此着迷，以至于她们也想从事这个职业，这往往是因为她们也曾有过非常美好或者相对糟糕的经历。

汤娅·海因里希：

当我陪伴那些分娩后的母亲时，我对女性在职业层面的变化及她们对职业的态度有了截然不同的认识。我有时会看到一些女性迫不及待地想重返工作岗位。这也许是因为她们觉得缺乏成人间的交流，难以全天候地独自陪伴婴儿。我还遇到过一些女性，她们在育儿假期间重新调整了自己的职业方向，并发现了自己新的工作领域。与分娩前相比，女性通常会更多地开始关心家庭或社会问题。

在精神层面成为母亲

我是在回归自然的新趋势中，还是已经踏上精神之旅？精神究竟意味着什么？回望过去，这个问题很难回答。对我们来说，精神层面的变化有时不如成为母亲的历程中的其他外显的层面更容易识别、把握和描述。然而，我们在这段旅程中却能够获得一些以前无法想象的非凡体验。

去月球打个来回

（本部分内容由汉娜·迈耶撰写）

我在成为母亲的历程中的精神之旅就像一个短暂的假期、一次短途旅行、一次小冒险，短暂而紧张。虽然我已经快要回到原点，但这次旅行塑造了我，给我留下了美好的回忆。陪同我走过这段精神之旅的是我非常好的朋友和瑜伽老师维什夫·维诺迪尼（Vishv Vinodini），我的这次旅程在很大程度上要归功于她。

从健身计划到分娩前的心理准备

怀孕期间我一直在练习瑜伽。这些课程是在线上进行的，指导老师是我非常要好的朋友，其间她也获得了孕期和产后瑜伽的授课资质。我很幸运，因为瑜伽是我孕期唯一能做好的运动，尽管在孕后期做起来会很困难，当然在产后更不可能，而维什夫·维诺迪尼的阿坎达瑜伽（Akhanda Yoga）一直陪伴着我。起初，这是一个令人愉快的邀请，让我活动身体，可以说是我的孕期健身项目。所以，当时我并没有多想，在家里的书房发送完最后一封电子邮件后，急忙铺开垫子，开始瑜伽课程，紧接着又预约了下一次。虽然我知道瑜伽练习可以让我放慢节奏，但我需要逐渐适应。我花了一些时间才开始让瑜伽课对我产生影响，这项运动逐渐内化成了我的内心之旅。通过吐气发出类似蜜蜂的嗡嗡声，我才真正和肚子里的小老虎建立了联系，这是我在每一节瑜伽课上都热切期待的。这个嗡嗡声也在产后伴随着我和小老虎，它让我和他都能够平静下来。我想小老虎仍然记得他在我肚子里时听到的低沉的嗡嗡声，它依然能使他安静。现在所有会飞的昆虫对他来说都是蜜蜂，这可能更多的是巧合，或许不是？我内在的精神层面会猜测这两者有相通之处。总之，在怀孕期间我开始通过冥想与我未出生的孩子建立联系，感受他的存在并亲近他。尤其是在怀孕的最后三个月里，我在练习瑜伽的同时也开始冥想。与此同时，我还渴求了解催眠技巧，为分娩做好心理准备。

相对较早的时候，我接触到了一种精神催眠术，并开始慢慢接近它。在听了播客“平静的生育”之后，我彻底沉迷其中。在此我几乎学到了我分娩时需要了解的一切知识：自然分娩中的生理程序是什么，我的心理和精神状态如何在分娩过程中给予我支持，以及我如何做到这一点。瑜伽和冥想帮助我在分娩过程中对自己、对我的身体和思想构建一种健康的态度，并将我的担忧转化为信心。

一个“孕产小窝”产生了

回想起来，我可以说分娩过程中一切都很顺利。然而，我有时会想，如果在“孕产小窝”中分娩会怎样。怀孕期间，我在脑海中冥想出了一个“孕产小窝”，并开始凭想象构建它。此时，想象与现实发生了碰撞。在怀孕、分娩和做母亲之前，我的脑海中整个和宝宝相关的画面都与明亮的光线联系在一起：一位孕妇，袒露着腹部，沐浴着阳光。在一间光线充足、明亮而温馨的房间里，一位母亲和她的新生儿躺在白色的床单上。而我怀孕之后，一直避开烈日，也不会让我的腹部暴露在直射的阳光下，分娩后也不会抱着我的孩子在烈日下暴晒，刺眼的光线对我来说似乎没有安全感。我想象中的“孕产小窝”是黑暗的，它给了我们安全感。当我还在怀孕的时候，它成了我午休时间的“避难所”，在那里我可以释放压力，可以感觉到宝宝就在我的身体里。在孕期的最后几个月里，我有意识地每日和宝宝在这里建立三次联系。虽然我以前从没想过我会渴望产假，但从某个时间点开始，我对此满怀期待。一方面，我需要更多的时间来处理所有待办事项，例如准备父母津贴的申请；另一方面，我必须主动地留出时间空档，让我的生活慢下来。因此，我在日常安排中加入了休息和冥想的时间。冥想时，我想象着在某个地方，我与小老虎相遇，在那里抱着他，看着他。虽然我即便使用 3D 超声图像也无法想象出宝宝的长相，但我已经以某种方式在“孕产小窝”里见到了他。这个“孕产小窝”的内部色彩缤纷，拥有不同的区域，虽然我还无法进一步对其进行清晰的定义。

在我的“孕产小窝”还有空间进行一些小型实验。如果有人在我怀孕前向我提出建议，我可能会持怀疑态度。在“孕产小窝”，呼吸几乎是彩色的。几个星期以来，我一直在问自己，分娩时应该如何“正确”地呼吸。在分娩准备课程中，我观看了发声的演示，也阅读了关于如何在吸气和呼气时想象各种动物的形态的资料，以便更有意识地控制呼吸。然而，有意识地控制呼吸在很长一段时间内对我来说仍然过于专业和勉强，我没能成功做到这一点。随着“孕产小窝”建设的进展，情况发生了变化。突然有一天，深呼吸变得顺畅了。我吸入一种颜色，呼出另一种颜色，有时有五彩纸屑喷泉，有时没有。此外，我在“孕产小窝”中开启了一场心灵感应之旅，为的是治愈旧伤，治愈自我，以及与自己达成和解。如果有更多时间，我可能会走得更远，会更加深入地探究内在的自我。

分娩

预产期已经确定了。就在预产期的前一周，我惊讶地发现有轻微的出血，接下来就是 7 天的等待。分娩进行 3 小时后，小老虎就躺在我们怀里了。分娩前的最后一周，我大部分时间都在家里度过，静静地等待预产期的到来，心里满怀期待。已经开始出血了，我预感到很快就要开始了。我正处在分娩前的最后冲刺阶段，也是我心灵旅程的最后冲刺阶段。我再次全力以赴，在怀孕的最后几天，我不断给自己鼓气："我和宝宝最清楚什么对我们是最好的，我对我们有信心。""每一波宫缩都让我离宝宝更近一点。"这只是其中两个例子。以前，日常生活中我不用给自己打气。我试过一次，但觉得太麻烦了。好吧，现在怀孕了，我觉得有必要这样做。在最后几米处，我放上了极其特别的月光石作为宝宝出生的幸运符。"孕产小窝"里点着水晶盐灯，现在看得更清楚了。我还想到了很多事情：需要一支生日蜡烛、适合分娩的气味、合适的咒语等。最后，我终于进入了对的状态。在那之前，我还没有做好心理准备，我每天都会对小老虎说，再等等吧。现在时间到了，宫缩准时开始了。

宫缩从一开始就像波浪一样阵阵来袭，从宫缩到分娩的过程大约需要 24 小时。即使我没有学过任何特殊的催眠术，分娩过程中的某些阶段我也像是处于一种恍惚状态。在宫缩开始当天，我还完成了需要我全身心参与的约会（包括小老虎父亲的生日早餐），然后回到了我想象中的“孕产小窝”。随着宫缩越来越强烈，我无法对此置之不理。我待在“孕产小窝”内，失去了空间感和时间感。没有光线，也没有食物。我需要的只是黑暗、安静和温暖，以便随着宫缩进行呼吸。在“孕产小窝”里待了几个小时后，最终是小老虎的父亲说服我去医院。如果没有他，我会留在我的“孕产小窝”里，甚至根本不会考虑让任何有分娩经验的人参与进来，也不会以任何方式离开我的“孕产小窝”。到医院办理入院手续后又过了三个小时，小老虎就出生了。我们选择的是一家人智学医院[①]。这也挺好，因为水晶盐灯已经在那里等着我们了。

现在回想起来，我觉得在没有专业人士在场的情况下在家生孩子的想法非常可怕。而在分娩时我并不在意这些，觉得“孕产小窝”非常完美。我选择在哪里生下小老虎，很好地显示了我自怀孕以来情绪的混乱和起伏：在刚怀孕时，我做的第一件事就是考虑在哪里分娩的问题。当时，我几乎马上就想请一名助产士协助在家分娩。我必须快速做出决定，因为她们的服务很快就会被约满。那时候我荷尔蒙分泌旺盛。随着妊娠激素慢慢稳定下来，我更加理性地看待这个问题：既然很容易就能进入一级围产中心，为什么不去呢？这可比随便去一家普通产科诊所安全多

① 译者注：人智学医院以鲁道夫·施泰纳对人类的深入研究所得的理论为基础，在诊断和疗愈中加入了精神化的洞见，旨在实现身心灵的疗愈。

了。渐渐地，我感觉身体好多了，于是决定走中间路线：选择一家不太关注临床，而是全面关注分娩过程的医院。幸运的是，这个决定是对的，因为怀孕的过程很顺利。在分娩期间，当荷尔蒙再次发挥作用时，我体内的情绪部分再次占了上风并让我失去了理智。

也许分娩是我精神体验的巅峰。某些阶段我觉得我完全处于疯狂的状态，感觉从未如此疯狂过。我爱人有时称我为控制狂，我宁愿认为这是在开玩笑。当然，他在某些方面是对的。在分娩前的准备阶段，我一直在努力掌控与怀孕、分娩和为人父母相关的所有方面：清单、研究和长时间的权衡。在分娩过程中，情况完全相反了。我强烈地感觉到一切都很好。我深深地相信，即使没有经过精心制订和打印好的生育计划，没有精心打理（并且经常调整）的医疗物品包或任何其他检查表和记事贴，我们也能顺利过关。良好的准备不再重要，取而代之的是无限的信心。在我成年后的生活中，我想不出还有什么其他重要时刻能让我感觉像现在这样充满了力量。也许是充足的准备工作给了我安全感，才能让我此刻如此轻松。家里的女性长辈鼓励我的话语当然也是一种加持。一个更高层次的体验是，当我看到小老虎时，我立刻就认出了他。与他的第一次眼神交流在某种程度上是我精神旅程的圆满结束。他长得像我，也长得像他的爸爸。他就应该长这样。

重置

孕期形成的仪式感给予了我强大的力量。在怀孕期间，我所有的想法都围绕着分娩，这些仪式感增强了我对分娩的信心。这大概是我人生中第一次真正地平静下来。我已经下定决心，即使在宝宝出生后，也要继续保持这些强大的精神力量。尤其是开始的那几天，当小老虎睡在我身上时，我很容易进入冥想。我甚至记得有一天晚上，我在水晶盐灯的照耀下进行母乳喂养，还进行了“普迦仪式”。我把一只盛满水的勺子从一个碗移到另一个碗，每次都经过小老虎的头顶，但没有洒出一滴水。

然而，慢慢地，我失去了与心灵的接触：不再冥想，不再有仪式感地神游，也不再定期做瑜伽。究竟发生了什么？按照禅宗的智慧，你应该每天冥想 20 分钟，要是不忙的话，那就冥想一个小时。如果我遵循了这一智慧，我可能会更好地度过产后的时光：拥有更多的平静和更强大的内心。然而，母乳喂养期间无尽的疼痛在最初几周就占据了主导，最后的精神火花也从我的身上溜走了。新的任务量和挑战如此之大，以至于我不可能一人独享平静。于是，与小老虎的共生共存取代了冥想。

留下了什么？

定期的瑜伽课在我的清单上虽然排在前列，但它们总要让位于现实中具体的待办事项，比如晚上要再写两页书稿。回看过去，我觉得一切或多或少都有点疯狂。旅程结束后，我时常想起月亮。它似乎至少在宝宝出生的时候就给我们带来了好运，因而在旅程结束后，我仍没有完全脱离它。满月让我彻夜难眠。这点我和我的父亲很像，他在满月时也整夜醒着。也许在这段旅程之前我就已是如此，只是那时我没能感知到月亮的影响。今天，我感受到了这种力量（也许是因为整体上睡眠不足）。当我回想起我的精神之旅时，一方面，我为拥有这段经历感到高兴；另一方面，我也会有点难过，因为这只是一次短暂的旅程。回首往事，我希望在和孩子一起开始新的激动人心的生活之前，我能平静地告别那个从前的自己，告别我的孕期，就像我再也不能在五颜六色间呼吸了。

除了关于旅程的回忆外，某些事物也留在了此时此地。通过这段旅程，我变得更加专注。我的视野开阔了，可以看到更大、更完整、更重要的东西。我经常听说，孩子会让父母变得更有思想。对我们来说也是如此：因为我的母亲身份，我重新审视了对我来说重要的价值观，并且会比以前更多地反思我的思想和行为。例如，我更加注重自己的说话方式，尤其是当我面对小老虎和身边的亲朋好友时。昆虫对我来说突然变得更重要了。对于日常的思考、感受和行为，我开始思考它们有着怎样的榜样作用。在某些方面，小老虎是我的老师。实际上，专注力在我怀孕期间就已经开始建立，现在回想起来，这对我们整个状态似乎都很重要。小老虎在小区里跑来跑去，犹如飓风一般，谁也拦不住，完全不需要短暂的休息。每当我能够引起他对细节的注意，从而让他慢下来的时候，我都会有一点点开心。看到他为一些小事感到高兴，比如聆听小鸟唱歌或观察蜜蜂，对我来说都是很美妙的感觉。这一刻让我想起了我母亲说起过的关于我童年的往事，她经常花几个小时和我一起在花园里看鸟，一点儿也不会觉得无聊。这种代际间的热情让我感动。那是一种灵性吗？我不知道，但它很美，很有力量。

灵性？应该不是

（本部分内容由思文佳·克莱默尔撰写）

在人生转型的每一个阶段，人们都会因赫尔曼·黑塞而成熟。一位教授曾经在我上大学时说过这句话。无论那时，还是现在，我都不得不会心一笑，因为这句话于我很合适。

回归大自然

在新西兰旅行了两个月，我读了黑塞的书（还听了很多达米恩·赖斯的爵士乐）。我来到一个安静的地方，抓住一切机会亲近大自然。我计划这次旅行是为了做出职业调整的决定。当我回到德国时，我辞去了当时的工作。

我很难从精神层面理解成为母亲所带来的挑战和变化。但就像当时在新西兰旅行时“隐居”到大自然中一样，随着宝宝的出生，与大自然的联系以一种新的方式突然发展起来。比如天然色素、无香料、可接受的气味和声音，以及纯天然有机食品，在宝宝出生后的第一年我尤其关注这些。我想满足这两个奇妙的小生物的自然天性，并让她们适应环境。突然间，我与这些话题有了密切的关联。分娩准备课程中早已建议不要使用香水中的物质，即使是市场出售的除臭剂或润肤霜也是如此，因为新生儿应该熟悉母亲的真实气味。一开始我是从外部接触这个话题，但很快我就觉得这是对的。产后我接触到太多的气味。当空气中的香水太浓时，我们的宝宝会突然打喷嚏，这让我更加确信需要对此引起注意。之前我并没有真正考虑过指甲油是否有害，或者选择的除臭剂是否合适。当然，时代精神也越来越多地引领这个方向的发展，相应的产品也进入市场，促进了这种变化。当我们的宝宝穿着纯天然的面料时，我才能感到快乐和舒心。在很长一段时间里，我都在考虑是否使用布制尿布，但当我意识到我们两个小可爱的尿布量会有很多时，我很快就放弃了。然而有一件事是肯定的：如果我有时间读书，我一定会再读一遍黑塞的作品。

与瑜伽结缘

在分娩前的那个夏天，在一个叫“瑜伽和我”的瑜伽馆，我参加了一个专为孕妇开设的瑜伽课程。我加入得较晚，已经临近预产期，因为在那之前我一直在全职工作，所以无法参加早上或白天的孕妇瑜伽课。考虑到预产期快到了，我选择了“强化课程”，每周去两次。无论如何，我一定要赶在分娩前完成所有课程。对我来说，瑜伽馆是一小片宁静的绿洲。在那里我可以静下心来，放松身心，回归本我。直到遇见店主兼瑜伽老师妮可，我觉得终于找到了那个人，是她陪伴我度过了这段不安的时光。她谈论的一些话题，即使我当时还没能意识到，其实已帮助我解除了不少困惑，比如如何设定界限、承受压力、消除恐惧、期待新的开始等。她通过瑜伽练习和冥想，引导我们穿透自己的身体，从而与宝宝建立联系。这是我第一次真正感到有觉知，并能更长久地深入自己的内心。我第一次和肚子里的两个小家伙建立了亲密关系。这种感觉太神奇了，而且妙不可言。我开始感受这份爱，这份我以后每天都会感觉到的对我们两个孩子的爱。

妮可用她的瑜伽帮助我度过了怀孕的最后阶段。我非常确信我之所以能够感觉这么好，主要是因为我跟随她练习了瑜伽。在精神上，我完全融入其中，并为新的阶段做好了进一步的准备。在两个宝宝出生后的头几周，我给她们唱了一些孕期瑜伽的歌曲，让她们安静下来，我甚至觉得我都可以录一盘磁带了。

在两个宝宝七八个月大时，妮可提供了一个可以带婴儿参加的瑜伽课程。在一个美好的夏天，和往常一样每周一次的约定时间，对我来说是全新的体验。在瑜伽课上，我和两个活泼好动的宝宝很受欢迎。我们摆脱了日常琐事，真正融入生活。而且是在一个非常受保护的空间里，这对我个人的帮助和影响达到了难以言表的程度。

每周，瑜伽课的开始都是神奇的。因为我确信宝宝们听得出妮可的声音，她们立刻把注意力转向了她，变得非常安静，就像是遇到了老熟人。如果之前有人这样告诉我，我肯定会觉得很搞笑。

这有什么意义呢？

在精神层面，还有另一个方面，我把它归类为一种体验。因为这是我从小到大第一次问自己（虽然只是在某种程度上认真地发问）：是谁或者是什么、为什么给我带来了这种幸运，同时也带来了挑战？我对她们俩的爱是无限的。对我来说，两个孩子都是世界上最重要的人！当我濒临崩溃时，当我无法按照自己的意愿照顾两个宝宝时，这个问题就出现了。第一年对我来说非常糟糕。例如，当她们两个都在哭时，我不得不让其中的一个等一会儿。我不想让我的孩子等太久！我想无微不至地照顾两个宝宝，让她们开心，给她们带来安全感。因此，当她们都需要我而我却不能付出比已经付出的更多时（直到最后一丝能量），我会觉得很崩溃。我突然感到压力，身体也立即出现应激反应，我大汗淋漓，心率加快，情绪随之而来。在这种时刻，我有时绝望悲伤，有时又很生气。生气是因为不得不承认：我不行了。我有时会问自己：为什么我会面对这些挑战？生活在试图告诉我什么？这一切都是合理的吗？我该怎么做？为什么我必须这样做？当看到宝宝在成长过程中没有得到许多人的帮助时，我会认为：不，在这种情况下，我一个人在家是不对的。我发觉自己在寻找意义。我在提问，但我要问谁，问什么？我对此没有答案，也不会继续探究。也许此时，我只需要提出问题就够了。那一刻我意识到我正在竭尽所能。为了两个宝宝，没有什么是我不能豁出去的。然后，当我意识到并承认这一点时，我就会感觉好多了。

来自科学的声音

在成为母亲的阶段，包括宗教信仰在内的精神层面的元素会以不同的方式对母亲产生影响。怀孕和分娩可以促使女性以全新的方式面对自己的生活。孩子的出生也会引发非常强烈的情感冲击，所以很难用世俗的观点和概念来解释和描述。这样的经历可以引发基本价值观的改变。“知心导乐两姐妹”描述了精神层面的变化，女性与自然的关系更加亲密。她们还谈到了这样一个事实，即很多女性当母亲后会突然体验到精神世界的转变，尽管她们以前对此一笑置之。母亲们普遍会感觉到对环境的责任感增强了，或者开始有意识地审视生命的意义。

无论是在我们自己的经历中，还是在对其他女性的采访中，都很少谈及精神层面。当被问及在怀孕期间和婴儿出生后最初的几年里，母亲们在精神方面（包括宗教信仰）有哪些经历时，她们的答案往往是：没有。当然，这也与社会和文化取向及我们的访谈对象的选择有关。去阅读一下有关成为母亲的历程中精神视角的文献和出版物，对我们来说还是值得的。

成为母亲是一种精神觉醒

奥雷莉·艾坦首先对母亲的精神世界进行了科学探索，强调了精神世界的作用，尤其是在成为母亲的过程中。因此，成为母亲是女性精神成长的窗口，在这个特殊的阶段，矛盾情绪的出现促进了这种精神的成长，主要是指母亲面临的挑战，尤其是在情感层面。这些情绪可能会让人难以承受，如何处理这些情绪对母亲来说是一个新的学习领域。精神层面的力量可以成为应对那些压倒性和矛盾性情绪的一种选择。一旦发生危机，女性可能会感到失衡或不知所措。摆脱危机的一种方法是转向精神层面。女性的精神之旅类似于那些在精神导师的支持下经历了意识扩展的体验。母亲的日常活动堪比苦行，如时间与空间的界限模糊以及矛盾想法的出现，是许多母亲每天都会经历的。

成为母亲的旅程可以与经典英雄的旅程（这里是指女英雄的旅程）相提并论，其中女主人公经历了性格转变。女主人公需要在一夜之间开启成为母亲的旅程，踏上未知的冒险征途。挑战是巨大的、危险的、令人筋疲力尽的。在故事的最后，女主人公克服了种种挑战，最终变得更加强大。就像女主人公的旅程一样，女性以新的身份从她的母亲之旅中归来。旅程中的精神启迪使她获得了“大我”，这种“大我”的特征是无私的，取代了自私的行为。成为母亲的旅程也存在着潜在的身份冲突。如果在旅程中不能获得帮助和支持，则特别危险。意识到自己生活中的变化及其产生的结果，以及成为母亲的各种新任务，这会让女性备感压力。身份的改变是如此深刻，以至于女英雄的旅程被描述为一种“生命的毁灭和重生的行为”。然而，成为母亲的历程与女英雄的旅程相比仍然是非常抽象的，尤其是当精神只能扮演一个次要角色时。

更为具体和明确的研究来自一项针对 22 位母亲展开的采访。成为母亲的历程被认为是学习精神价值或精神觉醒的一个机会。在分析此次采访的过程中，确定了六个相互交叉、相互关联的主题。

一、无条件的爱和依赖：孩子让母亲懂得了无条件的爱的价值，以及不必为此做出任何改变。几乎所有受访者都表示，她们从未感受过如此伟大的爱。一些女性甚至认为，对孩子的感情不仅仅是爱，她们还将孩子视为自己生命的一个不可分割的部分。

二、自我和以自我为中心的转变：该研究描述了母亲们的优先事项发生了根本性的变化，她们将婴儿的需求置于其他一切之上。

三、同情心和同理心：描述了对其他人，尤其是对其他母亲和儿童的共情的巨大转变。

四、专注力和意识的增强：有了孩子后，受访者提到的另一个影响是她们更加关注当下和周边环境。对感官体验的认识尤其有所提高。

五、生命的意义和目标：母亲们谈到，她们获得了更广阔的人生视角。通过自己在促进孩子发展方面发挥的作用，她们更自觉地参与生命周期。

六、信仰和更高的力量：研究人员还在研究中发现了关于回归信仰和探究更高力量存在的内容。许多人将怀上健康的孩子并顺利分娩视为奇迹，有些人甚至将这描述为“上帝的杰作”。

这些女性受访者描述的精神体验与文献中描述的其他改变生活的经历相似，例如身患绝症、照顾父母或失去亲人。在成为母亲的背景下，孩子可以被视为一位催化精神转变的精神导师。女性受访者描述的这些体验打破了人们对母亲的固有印象，即母亲放弃了自己的一切，除了孩子之外一无所有，因此渴望结束这一耗费心力的阶段。相反，母亲获得了摆脱利己主义和以自我为中心的体验，因此她们的意识得到了扩展。精神觉醒代表着一种进化的过程，它不会回头，只会不断地向前扩展和完善。

对我来说，大自然和当妈妈的关系非常密切。不知道是不是因为做母亲这件事，我发现了一种与之前完全不同的接近自然的方法。有时我站在水边，凝视着傍晚下山的夕阳，我会热泪盈眶。它深深地触动了我，我觉得我现在的生活，和孩子在一起的生活，在大自然中的生活，这三者融为一体。我感觉自己吸收了很多东西：我看着森林里的树木、花朵和地上的一切。我为此感到无比快乐。我不知道发生了什么，但我真的注意到

了我的身上正发生着最大的改变。（卡莎，有1个孩子，1岁9个月大）

精神作为特殊生活处境里的应对机制

并不是每一次怀孕都能顺利，也不是每一个孩子出生时都非常健康。相反，父母和他们的（未出生的）孩子的生命中也可能出现非常特殊的状况。尤其是在极端并危及生命的情况下，精神层面和宗教信仰可能会发挥特别重要的作用。

美国妇女健康、产科和新生儿护士协会在2005年的一项研究中强调了精神与高危妊娠之间的简单联系。质性访谈表明，女性往往难以描述她们的精神观念。同时，也正是她们的精神观念伴随着她们的健康和康复过程。所以她们精神层面的思想和实践发挥着重要的作用，并能够帮助女性调节恐惧。许多女性提到了自己体验到的神圣的或超验的经历，但大部分人无法对其展开详细而具体的描述。多年后，奥雷莉·艾坦和她的合作研究员调查了精神观念和怀孕之间的关联。她们研究了以下几个问题：

第一，怀孕是否出于主观意愿。第二，孕妇的生育情况有多复杂（例如是否有与女性生殖健康相关的病史或并发症）。第三，孕妇的心理健康状况如何。研究表明，那些在主观上计划怀孕但在怀孕期间苦苦挣扎的女性，精神信仰较少，她们的精神状况也不怎么好。缺乏精神寄托和怀孕时的矛盾情绪被视为女性在怀孕期间与压力有关的两种迹象。女性主观上是否积极接受妊娠也与其是否出现焦虑和抑郁有关。有趣的是，研究人员还发现，高危妊娠女性头脑中的上帝形象存在差异，这取决于这些女性是否有生殖健康史（例如流产或人工授精）。有这种病史的女性对上帝的印象比那些没有病史的女性更为正面和积极。

埃克哈德·弗里克（Eckhard Frick）在伊萨尔大学医学院担任"精神护理和身心健康"领域的教授。他是一位医学专家、精神分析学家和牧师，他在工作中将这些不同的观点做了非常有益的结合。他将精神力量描述为危机时期的精神助推器。他明确表示，在产科和新生儿科的父母需要一场充满理解的对话。在他看来，尤其是当涉及生与死的命题时，仪式感及表达惊讶、感激、恐惧或悲伤的能力都非常重要。当在新生儿科遇到危急情况时，精神需求比平日里更为突出。

还有一些研究也调查了年轻母亲在特别具有挑战性的生活环境中的精神状态。在这种情况下，在宗教信仰更为根深蒂固的文化背景下进行的研究也特别有意义。例如，土耳其的一项质性研究对患有发育障碍的儿童的母亲的精神状况进行了调查。女性研究对象更易受到压力和焦虑的影响，她们面临更多的经济挑战和心理挑战。该研究已经确定了在此情况下发挥作用的因素有哪些。对一些母亲来说，精神力量，尤其是宗教，可以帮助她们接受这种现实并与孩子建立联系。她们将自己视为完成这项特殊任务的“天选之子”，将孩子当作“上天的恩赐”。这种特殊情况对她们来说是一种考验，而一些妈妈则强烈反对这种观点，表示她们对孩子无条件的爱不需要任何考验。在这些案例中，无条件的爱代表了母亲的精神层面。被调研的女性表示，患有发育障碍的儿童赋予了她们生命的意义，她们的个性进一步成熟，她们对生活的看法也发生了变化。

来自伊朗的一项针对患癌儿童母亲展开的质性研究得出了类似的结论。这项研究指出，母亲们将孩子的疾病视为神的考验（她们都是穆斯林妇女），她们渴望通过这个考验。这赋予了疾病意义，母亲们可以全身心地投入到这项被认为是考验的新任务中。由此，她们在精神上成长了。然而，该研究也确实发现一部分母亲放弃了她们的精神实践（例如祷告），表明孩子的疾病可能削弱了母亲的信仰。因此，该研究强调了医护人员提供全方位保健服务的重要性，除了身体和心理方面外，医护人员还应将精神方面纳入其护理工作的范围。

我们考虑过要第二个孩子。但我想我的运气已经耗尽了。第一个孩子出生时出现了很多问题，但最终我还是做到了：我有一个健康、快乐的孩子。我想我的运气已经用完了。我不能、也不想再赌一把。运气用完了，我不想再向命运发起挑战。（莉娜，有 1 个孩子，5 岁 9 个月大）

精神与母性

针对上述特殊情况的研究所描述的一些危机时刻，可能是拥有健康孩子的父母难以感同身受的。在母亲阶段，精神作为一种应对机制似乎同样意义重大。成为母亲的经历不应等同于危及生命的事件，后者代表着一种完全不同的人生转折。尽管如此，作为应对机制，不论是面对严重的危机还是普通的困难，精神似乎都能发挥效用。正如女性在怀孕和分娩之前所知道的那样，孩子的出生通常会扰乱整个生活。尽管社会普遍认为宝宝出生只会带来幸福、感激和爱，但正如前文所述，现实往往并非如此。但是，不仅生活中的这些剧烈变化可以被视为危机，分娩本身也可能会给女性和孩子带来创伤。例如分娩过程中出现并发症或不符合预期的分娩情况。对女性和婴儿来说，长时间与分娩造成的后遗症进行抗争并不罕见，这本身也可能引发一种危机。因此，精神也可能与分娩本身有关。

从产妇的角度来看，精神与分娩过程是相关的，这可以从著名的助产士伊娜·梅·加斯金（Ina May Gaskin）持续火爆的《精神助产术》一书中看到迹象。此书的第一版早在 1976 年就已经出版。此外，社交媒体正显示出一种趋势，即孕期冥想和瑜伽活动增多了，新的仪式出现了，在家分娩的情况更多了，分娩中心[1]也越来越多了，这为女性和母亲提供了更多安顿自己内心的空间。助产领域的科学文章也对加强产科整体方法和精神支持提出了要求。

如前所述，母亲（以及父亲）可能会将新父母身份带来的巨大变化视为一场危机。这些变化是众所周知的，而且似乎一直存在。到目前为止，至少在我们的印象中，关于它们的讨论并不多，但这点似乎正在改变。将这一充满大大小小危机的时期命名为“成为母亲的阶段”，是一个契机，可以将这一人生阶段带出禁区，从而能够解决相应的问题。同时，消除禁忌也可以提供更多精神层面的机会，作为现阶段可能的应对策略。

“Matrescence（成为母亲）”这一概念的发起者——达娜·拉斐尔将成为母亲的过程描述为一种过渡仪式。她使用了民族学家范·热内普（van Gennep）的一个理论架构，试图描述从旧的生活阶段到新的生活阶段的转变。由于新的部分代表了一些未知的东西，因此这一过渡充满了恐惧，而仪式可以让过渡变得轻松。达娜·拉斐尔描述了不同文化的仪式，这些仪式伴随着女性从女儿、姐妹到母亲的转变，从而使女性和社会都能看到这一转变的发生。同时，她强调，这一过程并不是随着孩子出生就完成的，

① 译者注：德国的分娩中心是由助产士主导的非医疗设施，通常没有医生在场，也没有与分娩相关的医疗干预手段。分娩中心的创立基于这样的理念，即正常的分娩应当是一个由孕妇自主进行的生理过程，而不应被视为需要医疗介入的病理过程。

它可能会持续多年，甚至直到成为祖母。对我们两位作者来说，精神层面在我们的生活中引起的困扰相对较少，因此在本书中涉及的篇幅较短。根据达娜·拉斐尔对成为母亲阶段的定义，这种转变是一种精神仪式。根据这一定义，精神是成为母亲的基础和组成部分，因此我们认为，它与许多孕妇和母亲息息相关。

以前，我更像是一个理性的人。今天，我可以更好地协调我的身心，对身体和精神信号更加敏感。在日常生活中，我也会注意有意识地呼吸，并努力创造内心平静的时刻。我想我也会把这种放松的状态投射到我的孩子身上。对我来说，不要让孩子承受不必要的压力是极其重要的。（图巴，有 1 个孩子，6 个月大）

听听专家的说法

耶娜·弗里德里希：

我相信精神层面的探索往往伴随着对在怀孕期间失去控制的恐惧。准妈妈们可以在分娩前做很多事情，例如准备孩子的房间和宝宝的庆祝派对，或可以对分娩后的时间制订规划。但分娩本身是一个盲盒，充满了不确定性。许多女性害怕提前分娩，所幸可以通过知识来减轻这种恐惧，但不确定性仍然或多或少地存在。我认为这会触发一些事情，例如，一位女性找到了回归灵性的方式，她会坚持佩戴幸运石或手镯，这些都会给她带来更多的安全感。

令我困扰的是，在成为母亲的特殊时刻，我们几乎没有任何适当的仪式。其中有一种祝福仪式，遗憾的是，其仍然微不足道，人们只是在讲述故事，庆祝和支持母亲的转变。这是庆祝过渡的好方法。我还推荐在产后恢复期结束时进行“合骨仪式”。该仪式来自南美，女性被毛巾紧紧包裹，这样身体就会再次闭合。以这样一种方式慢慢过渡回到“正常”世界会是一个很好的收尾。

汤娅·海因里希：

我认为精神层面的体验是非常个性化的，很少有人谈论它。因此，在从事产科护士的工作中，我对精神层面的问题没有太多可说的内容。就我个人而言，这与对自己系统的感知（包括身体、精神、心理、情绪）及与自己的内在联系有很大的关联。

第四部分

无止境的成为母亲的历程：成为(外)祖母的历程?

当一个女人成为（外）祖母时，她一下子有了两个角色。在土耳其语中，外祖母（Anneanne）一词由母亲（Anne）一词书写两次构成，这也许并非巧合。一方面，可以将外祖母理解为母亲的母亲；另一方面，也显示出对外祖母这一身份的理解：她是一个双重母亲。所以当你看到（外）祖母身份对女性的影响时，这两种理解都很贴切。因此我们会问自己：在（外）祖母们的身上，情况是怎么样的？是否还有一个类似的成为（外）祖母的历程？

父母和（外）祖父母有时会有不同的期望、想法、建议或各自敏感的问题（例如对分娩的恐惧），尤其是在怀孕期间和为人父母的头几个月，必须重新定位各自的角色。因为此时不仅是一个女人变成了母亲，也是一个母亲变成了（外）祖母。此外，在照顾孩子一段时间后，成为母亲的历程并没有就此结束，而是会随着每个孩子的成长而不断发展，也会在母亲与孩子们及母亲在成为（外）祖母后与孙辈们的生活中得到进一步的发展。

那么成为（外）祖母的母亲会怎样呢？如何描述这个过程，又会产生哪些新的体验和感受[①]？

面对“（外）祖母”这个称呼，回顾自己的怀孕经历，或回望与自己孩子相处的时光，这些都只是（外）祖母们各自的经历或挑战。很明显，在过去的几十年里，（外）祖父母的角色发生了巨大的变化。沃尔克·阿姆莱茵（Volker Amrhein）介绍了老年学（即研究衰老阶段的科学）的研究成果。他提到了改革教育学，并描述了其从传统到现代再到后现代的巨大变化。过去（外）祖父母的行为模式及人们对其行为模式的期望是相当明确的、一成不变的，但现在已经发生了很大变化。从现在起，事情不再是理所当然的了，父母和（外）祖父母就（外）祖父母的角色展开协商变得越来越重要。由于现在社会上没有那么清晰和明确的行为准则，因此各种行为间的差异可能千差万别。今天，（外）祖父母可以更自由地塑造他们与孙辈关系中的角色。为此，在过去的几十年里，父母和（外）祖父母之间的协商变得越来越重要。因此通

① 我们想给（外）祖母们一个发声的空间，所以进行了一项在线调查。我们收到了13份由（外）祖母们填写完成的调查问卷。我们还详细采访了我们自己的母亲和（外）祖母，她们让我们深入了解了从母亲到（外）祖母的历程。引文没有改动，部分摘录自被访人较长的回答。

常（至少在初期）需要与孩子的父母协商后，（外）祖母才能开始扮演自己的角色，这可能会使整个过程充满挑战。或者换句话说：在今天，（外）祖父母的行为也为冲突提供了空间。

另一个挑战是，（外）祖父母通常住得离孙辈较远，保姆或托儿所等外部服务对父母来说变得更有必要。在这一点上，沃尔克·阿姆莱茵认为，市场上提供的大量此类服务（至少在城市中）可能对（外）祖父母的看护形成挑战。（外）祖父母首先要学会应对这种竞争。但可以肯定的是，只有（外）祖父母才能生动地讲述家庭故事，与孙辈的父母分享经验，回答祖籍问题，使个人背景变得鲜活起来。在成为（外）祖母的阶段，孙辈在地理和情感方面的远近会对（外）祖母这一阶段的个人感受和体验产生巨大影响。

成人教育学家格特鲁德·恩努拉特（Gertrud Ennulat）详细研究了成为（外）祖母的问题。她指出，成为母亲的过程中包含很多积极的行为，而成为（外）祖母的过程与此形成鲜明对比，后者不是一个可以在主观上积极塑造的过程。有时准（外）祖母能够参与其中，有时她们仅仅通过一句简短的话语才得知孩子怀孕的消息。但正是像“我们有孩子了”这样简单的一句话，就为即将成为（外）祖母的女性开启了一个新的现实。一些女性认为自己离这一阶段还很遥远，而另一些女性则多年来一直在等待期盼已久的孙辈。

（外）祖父母认为，与孙辈远不如与自己的孩子那样容易产生冲突。这也描述了（外）祖母的角色和母亲的角色之间的巨大差异。（外）祖母往往不需要付出太多努力就可以成为最受孩子们欢迎的人。一项针对（外）祖母对家庭代际关系看法的研究表明，（外）祖母也会因为对孙辈承担起父母的责任而感觉受到约束，这反过来又可能导致冲突。格特鲁德·恩努拉特非常详细地描述了（外）祖母自己过往的旅程。孙辈们问（外）祖母关于过去的问题将她带回了自己童年或做母亲的经历。一方面，这些故事会鲜活地留在孙辈们的心中。另一方面，这也为曾经的痛苦经历打开了大门，那些远去的痛苦可能再次出现。无论如何，这都表明（外）祖母的身份会让女性有所触动，这是成长为（外）祖母角色的一部分，不同的人会唤起不同的情绪。

（外）祖父母通常希望尽早与孙辈建立联系。挪威心理治疗师和教育学家雷敦·斯图达尔（Reidunn Stuedahl）描述了（外）祖父母和孙辈之间的关系，并提到了这一愿望。她将童年的早期阶段描述为（外）祖父母和孙辈之间建立关系的关键阶段。有些（外）祖母在孙辈出生后不久就已经见到和抱过他们，这让她们感觉与孙辈更亲近。由此，我们不禁会联想到初为人母阶段和宝宝的亲密接触，这反过来又表明了成为母亲和成为（外）祖母之间的关联。

社会学家英格丽特·赫林（Ingrid Herlyn）和比安卡·莱曼（Bianca Lehmann）对 573 位（外）祖母进行了调查，并对 22 位（外）祖母进行了额外的传记访谈。该研究是德国首个详细分析

（外）祖母观点的项目，主要探索了（外）祖母角色到底意味着什么，以及（外）祖母们对自己身份意义的认知。在今天看来，结果并不令人意外：（外）祖母身份对所有（外）祖母来说都非常重要，她们被描述为快乐的、自豪的、充实的，同时也有责任感。大多数（外）祖母表示，她们不想干涉孙辈的抚养，努力与他们建立和谐的关系。近四分之一的受访者认为，她们见到孙辈的次数或者参与孙辈生活的机会太少了，尤其是那些住得很远的（外）祖母们，她们因无法深入参与孙辈的生活而感到遗憾。在分析过程中，社会学家们得出了（外）祖母们各不相同的行为取向。例如，以家庭为中心并且自己也没有工作的（外）祖母们，她们当了（外）祖母后也仍把家庭放在首位。当她们可以为孙辈们和孩子们服务时，其他活动就会退居二线。这在某种程度上是母亲角色的延伸。而那些除了当（外）祖母之外还有其他兴趣爱好的（外）祖母们，她们更喜欢与孙辈们一起参加各种各样的活动，如去儿童剧院看演出、去动物园参观或在下午做手工等。

如果说怀孕期间母亲的大脑变化令我们感到非常惊讶，那么有关（外）祖母大脑的神经科学或许也是值得研究的。对老年人大脑活动的研究主要是为了更好地理解痴呆症等问题。然而，有科学证据表明，（外）祖母的大脑在与孙辈接触时会触发情感共情活动。然而，当（外）祖母与自己的孩子互动时，更有可能被调动起来的则是大脑的认知区域。这意味着（外）祖母在与孙辈的接触中表现出比与自己的孩子接触时更多的“母性特征”。这或许可以解释为什么（外）祖父母在与孙辈接触时情绪会更加高涨。（外）祖父母（和母亲一样）也有可能经历了大脑的变化。这些变化可以促使（外）祖父母更好地照顾孙辈。

我们还想进一步探究成为（外）祖母这一对许多女性来说特别重要的话题。从科学上讲，有确凿的证据表明，成为（外）祖母会带来生理和心理上的变化。关于女性扮演（外）祖母角色的感受有很多说法。我们并不是要回答是否有成为（外）祖母的历程这一问题。但在我们看来，这是一个值得给予更多关注的话题。

和他们在一起的时候，我经常处于“祖母模式”。我生怕孩子们会出事，因此我过于谨慎，也常常很紧张。但这是生命中的一个伟大的阶段，其中的责任是有限的，但快乐是无限的。看着他们长大，我太开心了。（祖母，有 2 个孙辈，2 岁了）

当祖母以后，我变得更加情绪化，一直担心各种各样的事情，而我以前根本不会这样。有了孙辈后，我变得很容易哭。无论是年轻时，还是刚当母亲时，我都不是这样的。也许是因为作为母亲一切尽在我的掌控之中。而作为祖母，我不再能掌控一切。（祖母，有 3 个孙辈，分别为 7 岁、4 岁和 1 岁 5 个月大）

我不再工作了，喜欢和我的孙辈们在一起。他们极大地丰富了我现阶段的人生，我也很容易接受对孩子们不同的教育方式。例如，今天我们对营养的了解比过去更多，我完全接受这一点。这种对待孩子们的态度，我觉得很棒，大家只需要公开地、透明地来谈论这些问题，这样就不会互相妨碍了。（祖母，有 3 个孙辈，有 2 岁的，也有 1 岁的）

我当时 41 岁。哦，天哪，我要当祖母了！太棒了！你没有义务，却可以享受一切！这可太好了。（祖母，有 1 个孙辈，2 岁）

是的，非常强烈的感觉又回到了我的意识中，因为我这个女儿是三个女儿中的长女，我在怀她的时候一切都很美好，但随后经历了艰难的分娩，最后还是选择了剖宫产。我很难过没能选择顺产把孩子生下来。（外祖母，有 1 个孙辈，3 岁）

我的女儿让我参与了很多。我们的关系相当亲密。有时我不想知道所有的事情，因为我会很担心。孩子把我们联系在一起，又把我们分开。因为我喜欢和小家伙一起玩，这样我女儿可以轻松一些，但我们往往会通过电话进行私下的交谈。（外祖母，有 1 个孙辈，2 岁）

我很生气，因为我的儿媳不满足于仅仅做一个母亲，她想在休产假期间就回去上班（每周 10 小时）。当年我自己非常享受这段母乳喂养的时间。我也不认同孩子应该在 10 个月大时就被送去日托中心，但我不会为此批评她。（祖母，有 1 个孙辈，4 个月大）

我对完美的极致追求引发了冲突，也伤害了我的女儿。幸运的是，她几天后告诉了我，我对我的话对她的影响感到震惊，我已经向她道歉，并希望以后我会变得更加感性一些。（外祖母，有 3 个孙辈，有 3 岁的，也有 1 岁的）

当我的女儿们怀孕时，我就很期待当外祖母了。当然我也知道当外祖母不是理所当然的事情。（外祖母，有 3 个孙辈，分别为 8 岁、6 岁和 1 岁）

如果儿女们住得更近一点，就可以与我有更密切的联系，那样就太好了。但儿女们要搬出去住，所以他们在自己喜欢的地方住下来也就不奇怪了。（祖母，有 3 个孙辈，分别为 4 岁、1 岁 5 个月大和 5 个月大）

当父母对待儿女的方式与儿女认为正确的方式发生冲突时，这就麻烦了！两种文化会互相碰撞！然后我很难不发表意见。我还需要学习！（祖母，有 2 个孙辈，分别为 10 岁和 8 岁）

现在女儿变得很温柔，我们相处也更愉快了。（外祖母，有 1 个孙辈，11 个月大）

我基本上会把决定权留给孩子的父母，即使我并不总是认可他们的育儿方式。（祖母，有 3 个孙辈，分别为 16 岁、14 岁和 9 岁）

是的，自己两个孩子出生时的记忆又浮现了。往事已经久远，我非常平静地接受了这一切。（祖母，有 2 个孙辈，分别为 4 岁和 2 岁）

这是一段非常紧张、疲惫但又鼓舞人心的时光。当我的孙子在身边时，我无心关注其他，因为我们一起做的事情太令人兴奋了！他在的时候我很开心，他走了我也可以放松下来了。（祖母，有 1 个孙子，没有年龄信息）

听听专家的说法

耶娜·弗里德里希：

这里存在许多潜在的冲突，许多事情发生了变化。在多数情况下，与我们的母亲和外祖母相比，我们现在对孩子采取的养育方式更注重孩子的需求，而她们当年是靠一定程度上的严厉来教育孩子。事实上，女儿们不同的育儿方式，让外祖母们感觉受到了批评，也让她们觉得自己没有得到足够的尊重。但她们现在和将来都会是一位母亲，她们想把每件事都做好。外祖母可以发挥非常重要的作用。我希望看到一种积极的、引人思考的良性发展。

汤娅·海因里希：

通过与已为人母的女性的深入交流，在我看来，自己的女儿即将成为母亲会让准外祖母们重新振作起来。她们可能会面临这样一个问题：当时的我是什么样子的？而且，她们也可能会触及一些内容，如果条件允许的话，她们今天会以不同方式来处理。有些人可能不想触及这些，但无论如何都会发生。这并不奇怪，因为当女儿成为母亲时，母亲同时也成了外祖母。所触及的事情可能不仅仅是令人愉快的。有些人可能想弥补过去，并利用这段时间给予特别的支持。然而，在弥补的过程中，她们有时会忽略女儿真正的需求，而只是为了满足自己的需求。

成为父亲的历程

父亲们在做什么呢？他们在我们成为母亲的过程中陪伴我们，理解我们。他们拥有沉稳的气质，即便在困难时期也能保持冷静。他们经常不得不把自己的需求放在次要位置，因为只有在婴儿和母亲得到照顾后才会轮到他们自己。随着婴儿的出生，父亲们也面临很多变化。因此，是否如成为母亲的历程一般也存在成为父亲的历程？这个问题似乎也是合理的[①]。

在成为母亲的过程中得出的大部分结论也同样适用于父亲：随着孩子的到来，不仅诞生了一位母亲，同时也诞生了一位父亲。然而，成为父亲的转变并不是在孩子出生那一刻完成的，而是需要经历一个较长的过程。成为父亲也可能引发男人的日常危机，伴随而来的是他必须应对的变化。然而，在科学研究中，极度缺乏对父亲角色的研究。接下来，我们想尝试从不同的层面来看一看父亲这一新身份带来的变化。

莱布尼茨社会科学研究所 2010 年的一项研究引用了 21 000

---

① 我们也希望让父亲们的声音在这本书中有所体现。为此，我们进行了一项匿名在线调查，并收到 10 份完整的调查问卷。引文没有改动，部分摘录自受访者较长的回答。

名受访者的数据，调查了父亲身份对男性社交生活和整体生活满意度的影响。前文已经描述过，夫妻关系会随着孩子的出生而改变。研究发现，与生孩子会降低夫妻关系满意度的论点相反，受访者的主观幸福感因成为父亲而提高。生活满意度由受访者使用评价量表进行主观评估。就亲生父亲而言，他们与自己父母的联系通常会加强。与此同时，随着休闲活动的减少，父亲身份似乎也会影响到私人领域。只有当孩子达到学龄后，父亲们才会扩大社交，例如参加体育赛事和学校的活动。该研究表明男性社会关系的变化与父亲身份密切相关。

除了社会环境的变化外，做父亲还会伴随着男性生理上的变化。一些父亲在妻子怀孕期间会患上拟娩综合征。体内荷尔蒙的变化会导致恶心、情绪波动或体重增加。因此，男性会经历与他的妻子实际怀孕时类似的生理变化。他们似乎是在身体上陪伴妻子怀孕。共同妊娠的症状通常在婴儿出生后结束。然而，即使在孩子出生后，身体症状仍可能持续存在。与此同时，“Dad Bod（爸爸体型）”一词已为社会所接受。区别于六块腹肌，这里指的是男性略显圆润的体型，是男性成为父亲后的体型。与“Dad Bod”类似的是“Mom Bod（妈妈体型）”，指产后母亲的体型。

对母亲大脑的研究已经有一定的成果，但对父亲大脑的研究尚处于起步阶段。尽管通过扫描并使用算法无法完全识别父亲的大脑，但研究已经表明，父亲大脑与非父亲大脑之间存在差异。例如，相较于没有孩子的男性，父亲对婴儿信号的反应更强烈，更容易被婴儿的气味吸引，他们几乎和母亲一样能识别婴儿的哭声。尽管表现得不如“妈咪脑”那么强烈，但已经可以检测到父亲大脑灰质的变化。因此，重组的现象也发生在父亲的大脑中。研究表明，大脑和荷尔蒙的重新平衡，使父亲更好地适应他们的角色，从而在养育子女方面更好地予以支持。然而，与母亲相比，父亲的身体变化有一个明显的不同，即母亲的身体变化会自动发生，因为她的身体已经针对婴儿进行了荷尔蒙调整。而爸爸们的身体变化，尤其是荷尔蒙变化，主要是与宝宝的密切接触引发的。因此，父亲大脑的变化取决于父亲进行亲子陪伴的质量和时长，这些变化可以促使父亲更加适应其新角色（例如表现在更加关注孩子）。简单来说，父亲越是多花时间陪伴孩子，就会越乐意于此。

了解父亲大脑的变化也很重要，因为父亲也可能患上产后抑郁症。8% 到 10% 的新手父亲会受到这一影响，宝宝出生后三到六个月内是抑郁症发病的关键时期。虽然母亲的患病率要高出 12%，但这也可能与父亲的疾病往往得不到诊断有关。尽管确切的原因尚不清楚，但睾酮水平的下降可能与抑郁症的发作有关。荒谬的是，睾酮水平高可以保护父亲免受抑郁症的影响，但同时也容易让他们的妻子患上抑郁症。

因为父亲们也有享受育儿假和育儿津贴的权利，所以宝宝的出生给父亲带来的另一个变化可能体现在其职业层面。事实上，当前的“父职报告”表明，父亲们希望花更多的时间陪伴孩子，希望本着合作精神承担家庭和职业分工。然而，在现实中，孩子的出生似乎对男性的就业没有什么影响。该报告显示，只有约17% 的父亲承担了相同的育儿责任，87% 的父亲在宝宝出生后继续每周工作超过 36 小时。愿望和现实往往不同。尽管十年来，父亲们同样享有育儿津贴和育儿假，但只有 35% 的新生儿父亲会休育儿假，其中只有 20% 的父亲休育儿假的时间超过两个“爸爸月”，从而可以充分享受育儿津贴。

正在发生的社会变革似乎正在重新定义父亲的角色。“父职报告”指出，在代表性调查中 80% 的受访者希望父亲尽可能多地陪伴孩子。我们从家庭研究中了解到，大多数父亲都愿意花费更多的时间陪伴孩子。因此，父亲兼顾家庭和工作的问题正在慢慢显现。尼古拉·施密特（Nicola Schmidt）和克劳斯·阿尔托夫（Klaus Althoff）从事的“符合天性的养育项目”，致力于科学地研究什么对婴儿、儿童及其父母是适合的。他们说夫妻越来越多地进行团队合作：爸爸们希望变得更加积极主动，而妈妈们则会欣然接受。因此，自主、积极的父亲身份及向平等养育和伙伴关系的务实转变似乎成了当下的话题。法比安·索索夫（Fabian Soethof）的著作《爸爸也能做到！》就是一个令人耳目一新的例子。这本书一经出版，就引起了人们对这一话题的关注。记者蒂尔·施瓦泽（Till Schwarze）发表在《时代杂志》的一篇文章中分享了一种愿景：父亲们在进行“男性说教”时，谈论的是换尿布的技巧和新一季的儿童节目。事实上，改变似乎即将来临。与此同时，父亲也受到“父亲羞辱”的影响。这是在成为父亲的历程中产生的一种令人不快的负面影响。迄今为止，更常见的是“母亲羞辱”，即母亲因其育儿方式而受到公开的或私下的批评或羞辱。

然而，如果考虑到以下事实，这种发展也就不足为奇了：在我们生活的这个时代，婴儿是有可能在没有母亲、保姆或其他女性参与照顾的情况下，从出生起就完全由父亲照顾的。在我们看来，显然这是时代给新父亲带来的巨大变化，这可以被视为成为父亲的历程。

工作时间和长期安排的训练日程是“旧生活”的最后孤岛。这是一个挑战，我们不能沉迷于父母的世界，而忽略了没有孩子的朋友。（父亲，有 1 个孩子，1 岁）

由于睡眠不足和突如其来的责任，我的身心健康跌入人生的最低谷。来自女伴的压力也让我感到吃惊。和之前不同的是，我们突然开始为每一件小事而争吵不休，这实在是让人感到震惊。（父亲，有 1 个孩子，3 岁）

尤其让我感到惊讶的是，当我不得不在夜里起床时，我的“肾上腺素”会突然升高，让我随即就想关心和照顾孩子，令人

沮丧的是不断重复的过程，对此必须有足够的耐心。（父亲，有2个孩子，分别为11岁和5岁）

社会地位问题显然已退居二线。此外，所有的享乐主义都从我的生活中消失了。我觉得这种改变让我觉得很轻松。（父亲，有1个孩子，6岁）

今天，我以不同的方式，更有意识地思考关于角色与平等的问题。我必须学会不那么以自我为中心，一切以妻子和孩子的幸福为重，同时不忽略自己。（父亲，有2个孩子，分别为8岁和5岁）

性生活在最初的一年半时间里是几乎不存在的。但从那以后，情况又好转了，我们的性生活变得非常和谐，即使我们同床的次数比怀孕前要少得多。（父亲，有1个孩子，8岁）

当我们以夫妻的身份在晚上约会时，一种特别美好的感觉马上就会出现。我以前比现在更冲动，我想我现在变得更有耐心了。孩子出生后，我意识到我的优先事项发生了变化，工作变得不那么重要了。（父亲，有2个孩子，2岁5个月大）

随着孩子的出生，我没之前那么自由了，再加上当时的特殊环境，我们在一起度过了太多时间，以致性格表现也不同了。我在吵架时往往比以前更容易生气。我对冲突有了不同的看法。所以，也许是孩子的出生和之后的那段时间，让我开始能够面对自己。（父亲，有 1 个孩子，1 岁）

起初我觉得有点难过，因为作为一个父亲不是每件事都能参与的。母亲一开始就是宝宝的主要看护人。在有些情况下，只有主要看护人才是重要的。理智上我对这一点一直很清楚，但有时在情感上我并不容易接受这一点。（父亲，有 2 个孩子，分别为 5 岁和 1 岁）

对我来说，优先事项已经明显改变，很多事情首先要服从于孩子们。我经常会忘记自己，但会为了其他一些事情而高兴，特别是一些小事情。和孩子们一起胡闹，然后开怀大笑。我变得更加节俭，不再有很强的物欲。（父亲，没有具体的年龄说明）

基本上，我喜欢现在的变化，但夫妻生活现在应该变得更加丰富多彩。我现在可以更好地理解其他父母和孩子。这给我添加了一个我不想错过的新维度。令我惊讶的是，我发现自己竟然会变得如此暴躁、咄咄逼人。（父亲，有 1 个孩子，2 岁）

听听专家的说法

耶娜·弗里德里希：

总的来说，我观察到近年来在我的分娩准备课程中发生了一种变化，因为父亲们更加关心如何承担起他们的新角色，他们想要努力探索并履行他们作为父亲的角色。一个常被问起的问题是，父亲们不能母乳喂养，还要完成全职工作，他们该如何与孩子建立良好的关系。父亲休育儿假现在也越来越普遍。许多男人积极地想当好父亲，并显示出与自己的父亲和祖父的差异。父亲们不想只是埋头工作，每年只和孩子一起度过一次美好的假期。父亲角色的这种变化肯定也会影响到未来的母亲角色。

汤娅·海因里希：

在我作为产科护士的陪伴工作中，女性一直是我关注的焦点。因此，父亲们只是在我工作范围的边缘。后来，一是直接通过在场的父亲们，二是通过我陪伴的女性的叙述，我逐渐了解到父亲们因自己孩子的出生而回想起自己的童年。新手爸爸们将自己的童年经历与他们的伴侣如何对待自己的孩子进行比较。如果他们发现了差异，则可能会给所有家庭成员带来进一步的不确定性。

成为母亲的历程：我们的总结

在我们试图做总结之前，让我们回溯到原点：宝宝出生后的第一年是非常特殊的一年。我们感到无尽的快乐，内心充满了爱意，但也常常会筋疲力尽，甚至会感到绝望。随着孩子们的出生，我们开启了人生中最具挑战性、最美好的经历。我们强烈地感受到了在成为母亲的历程中诸多层面发生的变化。在生育宝宝之前，我们非常注重自己的职业发展。我们几乎在方方面面都享有极大的自由。突然间，一切都不一样了，我们难以理解自己，其他人也不再理解我们。在休产假的几个月里，我们总是试图弄清楚自己身上发生了什么。

我们两位作者彼此之间的交流是情感上的释放。我们注意到，我们（及许多其他女性）在这一阶段的感觉是相似的。但我们必须慢慢摸索前进的方向：在与其他妈妈的交流中，有时用时较长，有时用时较短，特别是当我们聊到不太愉快的话题时。研究向妈妈的转变过程，发现“成为母亲”的概念，让我们极大地拓宽了视野。最后，我们终于能够分类并解读我们自宝宝出生以来的感受和行为；我们终于掌握了能够更好地应对变化的知识。这些认知让我们重新了解自己，并给予我们一种新的平静。我们确信没有迷失自我，只是身处一个剧变的发展阶段。这些认知让我们感到安心。

在宝宝出生之前，我们的生活节奏非常快，但在宝宝出生后明显放慢了速度。在某种程度上，我们现在需要暂停下来，倾听自己的内心。或许也是性格使然，我们执意寻找答案：我们不想仅仅被动地接受发生在自己身上的变化，而是想要积极主动地参与并塑造自己。我们希望重拾轻盈的状态。尤其是，我们希望在新的家庭日常生活中摒弃那些沉重的时刻。

如果我们了解其他妈妈在忐忑时刻的经历，就会对我们有所帮助。如果我们知道这些在某种程度上都是“正常的”体验，风暴终会过去，我们就会感到安心。这正是我们写下此书的原因。我们想分享我们的经验，为这一阶段的其他女性提供一点帮助。

成为母亲的阶段是第二个青春期吗？当然，初为人母不能完全等同于青春期，但确实有很多相似之处：身体的变化、激素混乱、大脑重塑、怀疑、不安全感和情绪波动！就像青春期一样，我们经历了一段混乱的时期，但它也带来了非常美妙的时光。就如同青春期一样，成为母亲的我们也会发生巨大的变化。

为人母的阶段对我们来说有很多特点，最重要的是各种变化和对母亲角色的不断探索。对我们来说，这是一个必须逐渐从社会塑造的母亲形象和随之而来的母亲神话中解放出来的时代，同时也要在某种程度上从我们自己的信仰中解放出来。

我们的“成为母亲”的旅程已接近尾声，抑或只是一个中途停靠站，尚未可知。但有一点是肯定的：和孩子们相处大约两年后，我们感觉又变回了原来的自己。我们还是原来的我们吗？不，当然不是。我们学到了很多，也经历了很多。我们感到更富足，在某种程度上也觉得更完整。我们又回到了自己的中心。我们养育了我们的孩子，他们与我们息息相关。

那么现在呢？在讲述了所有的故事，了解了“成为母亲”过程中的挑战和不确定性之后，我们想以自己最幸福的时刻作为本书的结尾。因为这就是做母亲的美妙之处：所有的低谷都与真正的精彩体验相互交织在一起！

觉得生孩子是我们一生中最美好的决定，之前没有什么比这更重要的了。

当我的两个宝宝在吃母乳时睡着，幸福地依偎在我怀里时，那是一种亲密无间的感觉。

和我的爱人一起做超声波检查时激动人心。

不用说出口，就得到了我爱人的全力支持。

当看到小老虎的第一眼。

与我妈妈和外祖母的私人谈话，听她们讲述她们自己作为母亲的经历。

母乳喂养时和宝宝同呼吸共命运的完美感觉。

作为一位母亲，感受自己并爱自己。

感受到小老虎的绝对信任。

与我的孩子们的第一次眼神交流，我立马就知道：我们是一体的。

与女性朋友毫无保留地交流和相互鼓励。

毫无保留地为我的孩子付出一切，直到筋疲力尽。

当我第一次在镜子里重新认出自己的那一刻。

与我丈夫一起度过无数个发烧的夜晚，体验我们完全是一个团队的感觉。

家人无条件和不懈的支持。

每天下午在游乐场旁，以及每个夜晚躺在床上，我只有和孩子们在一起时才能获得安宁。

在许多短暂的瞬间，孩子的一个眼神就说明了一切，我立刻心领神会。

当我在游乐场里因两个孩子而手忙脚乱时，来自闺蜜或陌生父母的默默帮助。

一家三口相拥而视，喜极而泣。

生活中有了很棒的新女性朋友，并且比做母亲前更了解原来的女性朋友们。

第一次短暂分离后，重聚时腹部的刺痛感。

孩子们紧紧的拥抱。

当小老虎疲惫地在我怀里睡着的时候。

作为家人，与我们的孩子分享新的经历。

星期天，我们三个人在床上嬉戏，一起开怀大笑。

如果我以前知道生孩子是多么美妙，我一定会早点开始，生更多的孩子。

当最喜欢的玩具再次出现时，和孩子共享无限的欢乐。

与其他父母展开精彩而有益的对话。

在告诉人们我怀孕了这个消息时，看到他们眼中的泪水。

对我们健康而优秀的孩子们的感激之情。

当爸爸们开始照顾孩子时，妈妈们就可以休息一下。

随着时间的推移，我的两个孩子变得越来越独立。

小老虎抓握反射消失后，第一次有意识地与我们牵手。

看到孩子们和（曾）祖父母、阿姨们、叔叔们之间充满爱的瞬间。

当我在孩子身上看到我爷爷或侄女的影子的那一瞬间。

和孩子们一起笑看儿时的老照片和视频。

一起发现新事物。

把孩子们抱在怀里，从感情上陪伴和支持他们。

在工作中积极回应怀孕这件事，之后会感到越来越轻松。

看着我的丈夫和孩子们在欢快的氛围中。

啧啧称奇的同时还有无尽的骄傲：这是我们的孩子。

我们绵绵无尽的伟大的爱。

致 谢

我们要感谢采访对象和调查对象分享的精彩故事，感谢专家们和序言撰写者的专业知识，感谢编辑的信任、朋友的陪伴、家人的支持、伴侣的耐心，以及孩子们带给我们的灵感。